JN333337

江戸の霊界探訪録

「天狗少年寅吉」と「前世の記憶を持つ少年勝五郎」

平田篤胤

現代語訳＝加賀義

訳者まえがき

本書は、国学四大人《こくがくしうし》（荷田春満《かだのあずままろ》、賀茂真淵《かものまぶち》、本居宣長《もとおりのりなが》、平田篤胤《ひらたあつたね》）の一人にして、江戸時代を代表する神秘家であった平田篤胤（一七七六〜一八四三）による貴重な記録を抄訳《しょうやく》したものである。

八歳の少年・勝五郎《かつごろう》をめぐる、「生まれ変わり事件」を記した『勝五郎再生記《さいせいき》聞《ぶん》』（文政六年）。

七歳の少年が天狗にさらわれ、筑波山で修行したという「天狗小僧寅吉《とらきち》事件」を詳述した『仙境《せんきょう》異聞《いぶん》』（文政五年）。

この二つの、世にも不思議な話は、虚構ではなく実話である。

平田篤胤

第一章「勝五郎少年の生まれ変わり物語」(『勝五郎再生記聞』)は、厳密に言えば平田篤胤単独の著作ではない。

文政六年(一八二三年)四月、平田篤胤は、「生まれ変わり事件」で評判になっていた勝五郎本人を自宅に呼び寄せ、前世《ぜんせ》についての話を聞いたのだったが、そのとき、その場にいた国学者・伴信友《ばんのぶとも》(立入事負《たてりことおい》)が、少年の話した内容を文章にまとめたのであった。この、伴信友による文章を冒頭に配置し、それに書き足す形で、『勝五郎再生記聞』は書かれている。

第二章「『天狗少年』寅吉物語」は、『仙境異聞』(上・下巻)の中から、現代人にも興味深く読めそうな部分を選んで現代語訳したものである。

寅吉が天狗にさらわれるに至ったいきさつ、仙境での不思議な出来事、そして、地球を離脱し、月や星の世界にまで飛翔したという冒険の様子。文政年間、花のお江戸をにぎわせたスーパースター「天狗少年寅吉」による、これらの奇想天外な報告を楽しんでいただきたい。なお、本文中の丸括弧は平田篤胤自身によるものである。

加賀　義

江戸の霊界探訪録　目次

②寅吉の天狗修行

③寅吉の異界見聞Ⅰ――山人たちの生活

④ 寅吉の異界見聞Ⅱ――山人修行と異国見聞

⑤ 寅吉の異界見聞Ⅲ――宇宙の冒険

⑥ 寅吉の異界見聞Ⅳ――山人たちの呪術や信仰

第一章

勝五郎少年の生まれ変わり物話

はじめに

この『再生記聞』の本は、文政六年〔1823年〕六月末に清書を終え、まだ表紙も付けていないのを携えて京に向かった。江戸を発《た》ったのが七月二〇日、京に着いたのは八月六日であった。

京に滞在中、富小路貞直《とみのこうじさだなお》〔江戸後期の公卿《くぎょう》、歌人〕様に何度も呼ばれて行ったときに、この本のことを申し上げたところ、〔仁孝《にんこう》天皇が〕「見たい」とおっしゃるので、一三日の夜に持参してお見せしたら、その場で全部読んでしまわれた。「これは非常に面白い本だから、上皇〔光格《こうかく》上皇〕にご覧いただいてはどうか。そうすれば、そなたの名をお耳に入れるきっかけにもなるだろう」とおっしゃる。私は恐縮して、「どのようにでも」と、つつしんで申し上げておいた。翌日、〔仁孝天皇が〕院に参上なさって、上皇に本をお見せになったところ、たいへんお心にかない、再読までしてくださり、大宮御所《おおみやごしょ》にも回覧してくださったのである。宮中の人々の間でも、「『このように珍しい出来事があって、江戸の篤胤《あつたね》という者がそれを記したのだ』ということが話題になっていた」と、やんごとない方面から確かに耳にしている。

女官たちに書写をお命じになって、お手元に五〇日ほど留《と》めおかれ、この本を富小路様にお渡しになったのが、一〇月四日のことであった。あちこちに折り目がついているのは、上皇が、読みかけのところに目印として折られたものだと伺った。そこで、たいへん畏《おそ》れ多く感じて、朱筆でしるしを付けた。こうして、江戸に持って帰ってこの表紙を付けたのである。

たまたま読む人も、そういういきさつをふまえ、この本をおろそかに扱わないでいただきたい。

未《み》〔文政六年〕一二月一三日

あなかしこ

篤　胤（花押《かおう》）

① 中野村の「生まれ変わり事件」

【『勝五郎《かつごろう》再生記聞』は、文政六年（1823年）四月二九日、伴信友《ばんのぶとも》（注1）が平田篤胤らとともに勝五郎を取材して、まとめたレポートから始まる。訳者】

（注1）1773-1846。国学者、「天保の国学の四大人」の一人。本居宣長《もとおりのりなが》の没後の門人。号は事負《ことおい》。

「おら、生まれる前のことを知ってる！」

文政五年（1822年）一一月頃、武蔵国《むさしのくに》多摩《たま》郡中野村（現在の東京都八王

子市東中野〕に住む、当時八歳〔数え年。満6歳〕だった勝五郎は、姉のふさと兄の乙次郎《おとじろう》と一緒に田んぼのそばで遊びながら、ふと兄に尋ねた。

「兄ちゃんは、もとはどこの誰の子で、こっちの家に生まれてきたのか」

兄はそれを聞いて、「おらはそんなこと知らない」と言う。すると、勝五郎は姉にも同じように問うた。

「生まれる前はどこの誰の子だったかなんて、どうして分かるの。おかしなことを言うものねえ」

ふさがそう言って笑うのを聞いて、勝五郎は納得できない様子で問う。

「それなら姉ちゃんは生まれる前のことは知らないのか」

ふさが、「なら、あんたは知っているの」と尋ねると、勝五郎はこう言った。

「おらは、よく知ってる。もとは程窪《ほどくぼ》村〔現在の東京都日野《ひの》市程久保《ほどくぼ》〕の久兵衛《きゅうべえ》っていう人の子で、おらは藤蔵《とうぞう》って名前だったんだ」

ふさはたいへん不思議に思い、「このことを父ちゃんと母ちゃんに言うよ」と言うと、勝五郎はひどく困惑して、「父ちゃんたちには言わないで」と泣き悲しんだ。

「なら、言わないでおいてあげる。でも、あんたが悪いことをして、叱っても聞かないときは、必ず言いつけるからね」

ふさがそう言って、その場は収まった。

その後、姉弟げんかをするたびに、ふさが「あのことを言うよ」と言うと、勝五郎はすぐにおとなしくなるので、両親の源蔵《げんぞう》とせい、祖母つやも、奇妙に思って、ふさに問うが、隠して言わない。「どんな悪いことをしたのか」と心配になり、ひそかにふさを問い詰めたところ、ふさは仕方なく、ありのままを話したのだった。

両親も祖母もひどく不審に思い、いろいろと勝五郎の機嫌をとり、言いくるめて尋ねていくと、勝五郎はしぶしぶ語りだした。

「おらは、もとは程窪村の久兵衛の子で、母ちゃんの名はおしづっていうんだ。おらが小さいときに久兵衛は死んで、その後に半四郎《はんしろう》という人がやって来て父ちゃんになり、おらを可愛がって育ててくれたけど、おらは六歳になったときに死んだ。その後、うちの母ちゃんの腹に入って生まれたんだ」

たどたどしい子供の言葉であり、あまりにも不思議な物語なので、両親たちも簡単に受け入れられることでもないと思って、そのまま日が過ぎていった。

死んだら、身体《からだ》から飛び出した

勝五郎の母せいは四歳〔数え年〕の娘に乳を飲ませるために、祖母のつやが勝五郎に毎晩添い寝をしていた。ある夜、勝五郎が、

「ばあちゃん、程窪村の半四郎の家へ、おらを連れていっておくれよ。あっちの両親にも会いたいなあ」

と言うので、つやは「おかしなことだ」と思って聞き流していたが、その後、夜な夜な同じように言ってはその家に行きたがる。

「それなら、ここへ生まれてきたはじめから、詳しく話してみなさい」

と、つやがいろいろと聞いてみると、ひどくたどたどしい言葉ではあったが、勝五郎はこれまでのことを詳しく語って、「このことは父ちゃんと母ちゃん以外には絶対、誰にも言わないでね」と、何度も念を押した。

勝五郎が語ったのは、次のような内容だった。

「前世《ぜんせ》のことは、四歳ぐらいまではよく覚えていたけれど、だんだん忘れてしまった。死ぬはずじゃなかったけど、薬を飲ませてもらえなかったために死んだ（本人は疱瘡《ほうそう》〔天然痘《てんねんとう》〕を病んでいたことを知らず、のちに人がそう言うのを聞いて知ったのだという）。

息が絶えるときは何の苦しみもなかったけれど、その後、少しの間は苦しかった。その後は少しも苦しいことはなかった。身体《からだ》を棺桶の中に強く押し入れられると、おらは身体から飛び出して、そばにいた。山に葬りに行くときは、白く覆った棺桶の上に乗っていった。その棺桶を穴に落とし入れたとき、その音が響いたことを、今でもよく覚えている。

それから坊さんたちがお経を読んだけれども、何にもならない。彼らは金銭を騙し取ろうとするだけで役に立たないから、憎く不愉快に思われた。（注2）

家に帰ると、おらは机の上にいたが、人に話しかけても聞こえないようだった。そのとき、白髪を長く垂れて、黒い衣服《きもの》を着たおじいさんが、『こちらへ』と誘《いざな》うのでついていくと、どことも分からない、だんだんに高いきれいな芝原に着いて、そこで遊んだ。花がたくさん咲いているところで遊んでいたとき、その枝を折ろうとしたら、小さい烏《からす》が出てきて、ひどく嚇《おど》された。そのことを思い出すと、今も恐ろしい（「その老人は中野村の産土《うぶすな》の神《かみ》（注3）、熊野権現《くまのごんげん》〔現・熊野神社〕でしょう」と父親の源蔵は私に言った。「烏が出た」ということについては、少々思い当たることがある）。

そうやって遊び回るうち、家《うち》で親たちが話していることも聞こえ、お経を読む声も聞こえたけれど、前に言ったとおり、おらは坊さんを憎く思うだけだった。供えられた食べ物を食べることはなかったけど、温かいものは、出てくる匂いでおいしく感じた。七月には、庭でかがり火を焚《た》くとき、家へ帰ったが、団子《だんご》などが供えてあった」

（注2）17世紀半ば頃、領民を寺院の檀家にする寺請《てらうけ》制度が設けられたことで、寺院の収入が安定する一方、布教活動が制限され、仏教が形骸化していた。

（注3）その人の生まれた土地を守護する神。氏神《うじがみ》。

少し様子をうかがってから母親の腹の中に入った

「こうして遊んで過ごしていたら、あるとき、そのおじいさんと家の向かいの道を通ったとき（この「家」とは源蔵の家のことを言っている）、おじいさんがこの家を指さして、『あの家に入って生まれなさい』と言うんだ。

教えられたとおりに、おじいさんと別れ、庭にある柿の木の下にたたずんで、三日間、様子をうかがい、窓の穴から家の中に入り、かまどのそばに行って、また三日間そこにいた。その頃に、母ちゃんが『父ちゃんと別れてどこか遠いところへ行く』ということを、父ちゃんと語り合っているのを聞いた（源蔵が言うには、これは勝五郎が生まれた年の正月のことであった。ある夜、源蔵が妻せいと寝室で、「こんなに貧しい家に、子供も二人いて、老母を養うのにも心細いので、せいには三月から江戸へ奉公に出てもらおう」と相談したことがあったという。しかし、その頃は老母にも言わないでいたのを、二月になってから告げ、三月になって、せいを奉公に出したが、妊娠していたことが分かったので、雇い主に暇乞《いとまご》いをして、せいは家に帰ってきた。みごもったのは、ちょうど正月で、この年の一〇月一〇日に勝五郎は生まれた。こうしたことは夫婦のほかには知るはずのない話なのに、勝五郎が知っていたのは不思議だとのことであった。なお、懐妊の頃も、生まれたときも、生まれた後も、不思議な出来事はなかったという）。

その後、おらは母ちゃんの腹の中に入ったと思うけれど、よく覚えていない。腹の中で、母ちゃんが苦しいだろうと思うことがあったときは、脇のほうへ寄っていったことがあるのは覚えている。生まれたときは何も苦しいこともなかった（これは程窪村で藤蔵が文化七年〔1810年〕に死んでから六年目に当たる）。

このほか、いろいろなことを、四つ五つになるまではよく覚えていたけれど、だんだん忘れてしまった」

「程窪小僧」として有名になる

その後、勝五郎の祖母つやは、ますます不思議に思っていたが、ある日、出かけたとき、おばあさんたちが集まっているところで、
「ところで、程窪村に久兵衛という人がいるということを、ご存じの方はいませんか」

と尋ねてみると、その中の一人が、こう言った。

「私は知らないけれど、あの村に縁故があるので問い合わせてあげましょう。それにしても、どういうわけでお尋ねになるのですか」

つやは黙っておれなくなり、ことのあらましを語ってしまった。

そうこうするうちに、この〔文政六年〕正月七日、程窪村から何某《なにがし》という老人がやって来た。

「わしは、程窪村の半四郎という者と親しい者じゃ。久兵衛というのは、ごく若い頃の名で、のちに名を藤五郎《とうごろう》と改めたのだが、一五年前に亡くなって、今は程窪村でも久兵衛という名を知っている者はいない。その藤五郎の妻が再婚した相手が半四郎じゃ。

この頃、人づてに聞くところでは、もとは久兵衛の子だった藤蔵という子が六歳で亡くなって、その後に、こちらの家に生まれたという。あまりに話が符合していて不思議なので、詳細を知りたいと、まず、わしを使いとして寄こしたのじや」

と言うので、勝五郎の親たちは、これまでのことを老人に語った。互いに不思議がりつつ、その老人は帰っていったとのことだ。

こういうわけで、勝五郎の一件は多くの人々に知られることとなり、見に来る人もいた。勝五郎が外に出ると、人々は珍しがって「程窪小僧」などと、あだ名を付けて言い囃《はや》す騒ぎになったため、勝五郎は恥ずかしがって、外に出なくなり、「だから人に言わないでと言ったのに。言ったからこうなったんだ」と言って両親を恨み、嘆いた。

この後、勝五郎はますます半四郎の家へ行きたがるようになった。一晩中激しく泣くが、夜が明けてそのことを言うと、「何も知らない」と言う。夜な夜な、こうしたことが起きるので、祖母は困りきって、

「これは半四郎のところへ行きたいと執心《しゅうしん》しているためだろう。たとえ勝五郎の言うことがありもしない嘘だったとしても、大の男ならともかく、私のような老

女が連れていくのなら、人に笑われても、たいしたことはない。私が連れていこうか」

と言うと、源蔵も、「もっともだ。さあどうぞ」と言って出してやった。これが、正月二〇日のことであった。

記憶をたどって、前世の家に着く

祖母は勝五郎を連れて程窪村に到着した（程窪村と中野村とは山一つ隔てていて、その間、一里半（約6㎞）ぐらいあるとのことだ）。

祖母が、「この家かい、あの家かい」と聞くと、勝五郎は、「まだ先だよ、まだ先だよ」と言いながら先に立って行く。

そのうちに、「あっ、この家だ！」と、祖母より先に駆け入った。そこで、祖母も続いて入っていった（これより前に勝五郎は、「程窪の半四郎の家は、三軒並んでいる中の引っ込んだ家で、裏口から山に続いている家だ」と言っていたが、果たして、その言葉どおりだったという)。

まず、主人の名前を尋ねると、「半四郎」と答える。妻の名を尋ねると「しづ」と言う。半四郎夫婦は、あらかじめ人づてに聞いていたことではあるが、それでもやはり勝五郎の祖母の話を聞いて不思議がったり、悲しんだり、ともに涙に沈んだのである。

夫婦は勝五郎を抱き上げて、つくづくと顔を見つめて、

「亡くなった藤蔵の六歳のときの顔立ちによく似ている」

などと繰り返し言っていたが、勝五郎は抱かれながら向かいの煙草《たばこ》屋の屋根を指さし、

「以前は、あの屋根はなかった。あの木もなかった」

などと言う。みなそのとおりなので、夫婦はますます驚いてしまった。集まってきた半四郎の親族たちの中に、久兵衛の妹がいて、「兄に似ているわ」と言って、

泣きくずれたとのことだ。

さて、その日は中野村に帰ったが、その後も、勝五郎が「程窪に行きたい、久兵衛の墓参りをしたい」と言うのを、源蔵は言いまぎらせて、先延ばしにしていたところ、二七日に、わざわざ半四郎のほうから、「源蔵さんにご挨拶に」と言ってやって来た。そして、勝五郎に、「程窪に行かないか」と聞いたところ、勝五郎は、「久兵衛のお墓参りをしたい」と喜んで連れられていって、暮れ方に、「お墓参りをしてきた」と帰ってきた。

文政六年（1823年）四月二九日

立入事負《たてりことおい》（伴信友）記

② 生まれる前に出会った老人は何者か

【次は、文政六年〔1823年〕五月八日に脱稿した、平田篤胤による勝五郎取材記である。訳者】

死後の世界で会った謎の老人

勝五郎は少しも大人びたところがなかった。荒々しい遊びを好み、普通の百姓の子に比べると賢いほうに見える。雄雄《おお》しいことが好きで、「武士になりたい」と常に言っている。そのため、大小のさまざまな刀を取り出して、抜き放って見せたりすると、ひどく喜ぶ。そこで、「坊やが大人になったら、これをあげるから、お話をしてよ」と、もっともらしく誘導することで、「それじゃあ……」と言って話をしてくれることになった。

こちらがわざと僧侶などのことを尊いもののように言うと、勝五郎は、

「彼らは人をたぶらかし、物を取ろうとする悪者だ」

と、ひどく腹を立てて嫌う。

「そうかもしれないが、死んだ後は彼らにお経を誦《よ》ませて、地獄などへは行かず、極楽という良い国に生まれるだろうと思うが」

などと、いろいろとなだめてみるが、

「お前様が好きなら勝手になさったらいい。おらは嫌いだ。極楽などということは、みんな偽りだ」

と、勝五郎はますます嫌った。それは、以前、寅吉《とらきち》〔本書第二章を参照〕が初めて山から帰ったときの様子と、どこか似たところがあった。

勝五郎を連れていった「老人」のことについて、「爺様のような人が来て云々」と書かれたものがあった。私たちはたいそう興味深く思って、

「それは坊様だったか」

と問うと、勝五郎は頭を振る。

「それなら、私の頭のようだったか」

と、事負〔伴信友〕が聞くと、また頭を振って、私〔篤胤〕の頭を指さして、

「あなたの頭のように長く髪を垂れていた」と言う。

ちなみに、この聞き取りの後、七月九日に、「先頃、江戸へ出たときに参った家々にお礼を申すために来ました」と言って、父親の源蔵が勝五郎を連れ、姉ふさ、兄乙次郎をも連れて、我が家にやって来た。あいにく、ちょうどそのとき、私は越谷《こしがや》〔埼玉県〕へ行っていた。源蔵親子たちは三夜ばかり我が家に泊まっていたので、門人の太田朝恭《おおたともやす》、増田成則《ますだしげのり》たちが、この「老人」の様子を詳しく尋ねてみた。そうしたところ、「白髪を長く垂れ、白い髭が長く生えていた」という。「白絹の衣服の上に黒い紋散《もんち》らしのある袖の大きな羽織のようなものに、後ろに長く垂れた上着を着て、くくり袴《ばかま》を履き、足には、外側は黒く内側は赤く塗った丸いもので、

足の甲までかかるようなものを履いていた」と言ったとのことだ。

また、例の「烏」について、樹に止まっている烏を指さして、

「あれと同じものか」と問うと、

「あれよりは小さくて、目つきは恐ろしかった」と答えた。

思うに、世のことわざに、人が死んで行く先には、「御前烏《みさきがらす》」（「目前烏《めさきがらす》」と言う人もいる）というものがいるというが、これも、昔、再生した者、あるいは蘇生した者などが、そんなことを語ったことがあるのを語り伝えているのではないだろうか。烏と鵄《とび》のことについては、私には長年考えている説もあるが、ここには書かない。

勝五郎はなぜ僧侶を嫌うのか

父親の源蔵は、勝五郎が仏事《ほとけわざ》や僧侶などをひどく嫌う理由をこう語った。

「去る二日に、ある寺へ行きました。茶だの菓子だのと手厚くもてなされたのですが、勝五郎は、『寺のものは汚い』と言って一つも食べず、たいそう心苦しい思いをしました。

勝五郎が僧たちをこのように嫌いますことは、一昨年、源七《げんしち》といって、少し縁故がある病人を我が家に置いていたのですが、それが亡くなったときに、弔《とむら》いに来た僧に布施として銭を包んだものをあげたところ、勝五郎が見て、『どうしていつも門口《かどぐち》に立つ坊さんに物を与え、今もまたあの坊さんに銭をやったの』と言うので、『坊さんというものは、人に物を乞《こ》うて暮らしているものだから、やるんだよ』と言いましたところ、『坊さんというのは人の物を欲しがる悪い者だ』と申しました。その後、嫌いになったように思います」

ところが、勝五郎は、

「いいや、そうじゃない。わけがあって、もとから嫌いなんだ」

と言葉に力を入れて否定した。その「もとから嫌いだという理由」を尋ねたが、

「憎いものだ」とだけ言って、他事《たじ》にまぎらわして答えなかった。

死ぬことは怖くない？

源蔵はまたこうも語った。

「勝五郎は生まれつき、化け物や幽霊などというものを少しも怖がりません」

前述した源七の病は狂気であった。別に小屋を建てて、その中に源七を入れておいたのだが、死ぬ直前には恐ろしい形相になったため、勝五郎の姉や兄などは怖がって小屋のあたりにも近寄らなかった。それなのに勝五郎だけは、

「あの源七はまもなく死ぬように見えて気の毒だ。薬も食べ物も十分に用意しておくれよ。おらが、いつでも持っていってやろう」

と言って、夜中でも持っていって与えた。源七が死んだ後は、姉や兄は怖がって便所にも行けなくなっていたのに、勝五郎は、

「死んだ人が怖いなんてことがあるもんか」

と少しも恐れず、また、

「自分が死ぬということも少しも怖くない」

と言う。勝五郎に、「なぜ、死ぬことが怖くないのか」と問うと、

「以前、『藤蔵が死んだ』と人が言ったので、おらは自分が死んだことに気付いた。自分の死体も見たけれど、そのときは、自分では死んだとも思わなかった。死んだときというのは、人の見る目ほどは、本人は苦しくないものだ。

おらが死んでいた頃は、腹は減らず、暑いとも寒いとも思わなかった。夜でもそれほど暗くなかった。どんどん動き回っても疲れることはなく、おじいさんのところにいさえすれば何も恐ろしいことはなかった。

おらのことを『死んでから六年目に生まれた』と人は言うけれど、向こうでは、少しの間だと感じたよ。

それに、御嶽様《おんたけ》〔木曾《きそ》御嶽山《おんたけさん》への山岳信仰〕が、『死ぬことは怖いことではな

い』と言われた」

と語ったとのこと。

「御嶽様には、どのようにしてお目にかかったのか」

と尋ねたが、勝五郎は例によって他のことに話をそらして答えなかった。

謎の老人は「産土《うぶすな》の神」なのか？

ある人の記録に、勝五郎は折々、

「おらは、のの様〔神様〕だから、大事にしておくれ」

「早く死ぬこともあるだろう」

「坊さんに布施することは、とても善いことだ」

とも言ったとある。私が源蔵に「あなたは仏道を信仰しているのか」と問うと、

「勝五郎が『坊さんに物を施すのは悪いことだ』と言ったのは聞いていますが、

その他のことは、母に申したのか、私らは聞いたことがありません。

私自身は、仏道を深く信仰しているというほどではありませんが、父の代から、物乞《ものご》いや道心者《どうしんじゃ》などで門口に立つ者があると、少しずつの施物《せぶつ》を与えています。これは、来世の幸福を願うなどという意味ではなく、ただ彼らが物乞いをするのを気の毒に思うからです。

家内《やうち》の者たちは月の一日と一五日、式日《しきじつ》〔祭日〕などに鎮守《ちんじゅ》の神様に参詣しますが、私は日々に詣でて神々を尊び、仏閣といえども縁があれば詣でて、捨てることはありません。

けれども、ただ今日の無事を祈るだけです。私の村のあたりは、徳本《とくほん》〔江戸後期の浄土宗の僧〕の流れを汲む、いわゆる念仏講《ねんぶつこう》が流行っておりますが、その講《こう》〔集い〕にも入っていません。

勝五郎のことを伝え聞いて、僧たちが『勝五郎を弟子にしたい』と、あちこちから申してきましたが、なかには『このような奇特な子を農民にしては、仏罰が当たるだろう』などと申した人もありました。

けれども、本人がひどく出家を嫌い、私自身も好まなかったため、『農民となってはいけないような者であれば、私の子には生まれてこなかったでしょう。農民である私の子として生まれてきたうえに、本人も出家を嫌がっていますので、農民にしても差し支えはないでしょう』と断ったところ、その後は勝五郎を弟子にしたいという僧たちが来ることはなくなりました」

と言う。ここで私も他の人も、

「産土《うぶすな》の神様を、そんなに篤く信仰しているということなら、例の勝五郎を連れていた老人こそ、産土の神様だったに違いありません」

と言うと、源蔵は、

「そのことは、このほど西教寺《さいきょうじ》〔東京都豊島区駒込〕に行ったときに、そこでも同様に言われました。『その老人は久兵衛ではないか』と言う人もありますが、『産土の神様だろう』ということについては、いささか思い当たることがあります。

今日まで他人《ひと》に語ったことはないのですが、熱心に質問なさるのでお話ししましょう」

と言って、次のように語り始めた。

姉の夢に出てきた老人も「産土の神」？

「勝五郎の姉ふさと申しますのは、今年一五歳〈数え年〉になります。一昨年のことでしたが、包丁を失くしたことがありました。妻がひどく叱ったのですが、その後また包丁を失くしました。『今度はもっと叱られるだろう』と思って、ふさは産土の神、熊野宮《くまのぐう》〈現・熊野神社〉に詣でて、

『失くした包丁のありかをお知らせください。教えてくださったら、お百度参《ひゃくどまい》りをいたします』

と祈ったのです。すると、その夜の夢に、髪を長く垂れて山伏《やまぶし》のような頭をし

ている老人が枕元に立ち、

『失くした包丁は、どこそこの田の草かげに、刃が上に向いたかたちで、ある。取ってきなさい』

とお告げがあったそうです。朝、行ってみると、果たして夢のとおりにあったということで、取って帰ってのち、夜の夢のお告げのことを初めて話しました。妻はこれを聞き、

『あんた、その程度のものを失くしたぐらいで産土の神様にお祈りするなんて、とんでもないことだ。よくよくお詫びをして、早くお礼のお百度参りをしなさい』

と言って、お参りをさせました。

その後のことですが、ある朝、ふさが、さめざめと泣き悲しんでいたことがありました。私どもがわけを聞くと、

『三日前の夜から三晩続けて、とても悲しい夢を見た。一晩くらい、思いもしない夢を見るのはよくあることだけど、こんなに三夜続けて同じ夢を見たのは、神

様のお告げなのだ』

　と言って、さらに泣くのです。そこでよくよく尋ねると、

『三日前の夢で、またあの山伏のようなおじいさんと、もう一人の男の人が枕元に来て、（その男が）「お前は、昔、悪いことをした男なのだ。今はこうしているが、気をつけないと、この家にいられなくなって、苦しい目に遭《あ》うだろう」とお告げになる。でも、本気にしないでいたら、次の夜も、昨夜も、まったく同じ夢を見た。山伏のような老人は何ともおっしゃらず、もう一人の男の人が、そういうことをお告げになって、「我は蛇体《じゃたい》の者である」と言った。こんな夢を見たのは、ただごとではない。どんな辛い目に遭うのかと悲しくて泣いていた』

　と言うのです。ですから、

『そんな意味のない、変な夢を見たのが心に残って、また次々に同じ夢を見たんだろう。気にするな』

　と慰めておきました。

その後、勝五郎の話で、『髪を垂れた老人が云々』という内容が似ていることを思うと、先に包丁を失くしたときに出てきた山伏のような老人も、同じ類の神様でいらっしゃるのでしょう。このように同様のことがあったのを思い合わせると、娘が見た夢のお告げのことも、今さらながら不思議に思います」

お告げに現われた「蛇体の者」の正体とは？

源蔵はさらに次のように語った。

「今このようにお話をしていて、ふと思い出したのですが、私はもともと江戸の小石川〔東京都文京区〕に夫婦で住んでいて、そのときに、ふさが生まれました。その小石川の産土の神は氷川大明神《ひかわだいみょうじん》です。〔ふさの夢の中で〕もう一人の男が、『我は蛇体の者である』と言ったのは、もしかすると氷川大明神でいらっしゃるのかと思われます」

すると、その座にいた堤朝風《つつみあさかぜ》（注4）が、

「そういえば、氷川大明神は竜体《りゅうたい》の神であるという言い伝えがありますね」

と言うので、ますます思い当たる。

そもそも氷川大明神というのは、延喜《えんぎ》の神名式《じんみょう》に武蔵国足立郡《あだちぐん》〔東京都足立区〜埼玉県鴻巣《こうのす》市〕の氷川神社（名神大月次新嘗《みょうじんたいつきなみにいなめ》）と、ある社の神を、各地に移して祭った例が多いのだが、その一つである。

氷川神社の祭神は、『一の宮記』に素戔嗚尊《すさのおのみこと》〔須佐之男命〕と見え、今もそう言い伝えており、「一の宮」と呼ぶ。

『江戸砂子《えどすなご》』（注5）という書物に、「小石川も、一の宮を勧請《かんじょう》して竜女《りゅうじょ》を祭った」というふうに書かれている。思うに、素戔嗚尊が出雲国《いずものくに》〔島根県〕簸川上《ひのかわかみ》で八俣《やまたの》大蛇《おろち》をお斬りになったことから、その地に樋《ひ》神社が式内社《しきないしゃ》〔延喜式内社〕として存在する。遠呂智《おろち》〔大蛇〕は素戔嗚尊に斬られたので、その霊《たま》を神の使いとして祭ったのを「竜女」と誤って伝えたのだろう。

この武蔵国にこの御社《みやしろ》があるわけは、この国の国造《くにのみやつこ》（注6）が成務《せいむ》天皇の御世〔4世紀中期〕に出雲国の国造から分けて定められたため、その本国の神であるがゆえに樋神社を移して祭ったのであろう。これについて、詳しくは別に考えを記したものがある。熊野の神も、実は素戔嗚尊の御霊《みたま》を祭っているため、とりわけ由緒があるように思われる。

さて、勝五郎の生まれ変わりのことも、程窪村の鎮守の神が何という神かは定かでないが、中野村の鎮守の神と話し合われてお取り計らいになったはずだ。それは、人によっては生まれた土地を去って、他所に移り住む者も多いが、そういう人を出生地の神と今住んでいる土地の鎮守の神とが互いに守護なさることについて、近頃、私が見聞きした確かな証拠があるからだ。

けれども、しょせん、神の道を知らない人は、こういうことすら納得できずに怪しく思うだろうから、詳しく述べたいところではあるが、長くなるのでここには書かない。

（注４）１７６５－１８３４。本居宣長門下の国学者。
（注５）江戸の地名・寺社・名所を解説した地誌。
（注６）古代の地方官豪族。

③中国にもあった生まれ変わりの話

前世を記憶していた事例は数えられないほどある

生まれ変わりのことは古来、我が国でも中国でも数多く知られている。だが、見識の狭い中国かぶれの学者たちは、この道理をまったく知らず、ありえないことのように強弁《きょうべん》しているようだ。これについては以前、『鬼神新論《きしんしんろん》』（注7）を書いて論じたので、そうした者たちに関して、ここであらためて述べようとは思わない。

また、仏者《ぶっしゃ》には、少しは生まれ変わりの説が伝わっているが、すべての者が生まれ変わり・転生《てんしょう》するように言うようだ。人が世に生まれ出ることは、神の産霊《むすび》によって、一日に一〇〇〇人死ぬと、新たに一五〇〇人生まれるのであり、ごく稀《まれ》には、人を動物に、動物を人に、また、人を人として生まれ変わらせることもあるというが、仏者は、その稀なことを通常のことだと思って論じるのである。

そのように生まれ変わり・転生ということもあるものの、生まれ変わり・転生のことを誰にでも知らせるわけではないのは、それが神の幽事《ひめごと》中の秘事《ひめごと》であるからだ。ごく稀にお知らせになることもあるのは、深い理由があることと考えられるが、どういう御心かということは、凡人《ただびと》が測り知ることではない。

さて、生まれ変わりとは言っても、前世を記憶していない生まれ変わりのことはさておき、まさしくその前世を記憶していた事例が、漢籍《からぶみ》〔中国の書籍〕に見える。それは、晋《しん》の羊祐《ようこ》（注8）が前世は李家《りけ》の子であったが、前世で愛玩《あいがん》していた金環《きんかん》の在《あ》りかを記憶していた例、鮑靚《ほうせい》という者が前世で井戸に落ちて死んだことを記憶していた例、唐の孫緬《そんめん》という者の召し使いが前世で狸《たぬき》だったことを知った例、崔顔武《さいげんぶ》（注9）という者が前世で杜明福《とめいふく》という者の妻だったことを記憶していた例など、こういう類の話は、多くの書物に書かれており、数えきれない。

（注7）篤胤の著書。文政三年〔1820年〕刊行。
（注8）羊祜《ようこ》と思われる。中国・晋の武将。
（注9）崔彦武《さいげんぶ》と思われる。中国・魏州《ぎしゅう》の刺史《しし》（長官）。

早死にした兄が再び生まれてきた話

広く知られている事例の中で、勝五郎のことに思い合わされる事例がある。『酉陽雑俎《ゆうようざつそ》』（注10）には、こうある。顧況《こきょう》〔唐の詩人〕という者は、年老いてから、一七歳になる一子を亡くした。その子の魂は恍惚《こうこつ》として夢の中にいるような感じで、その家を離れなかった。このときに顧況は悲しみを抑えきれず、詩を作った。

「老人が一人息子をなくした。日は暮れ、血の涙を流す。心は悲しみに動転し、子は飛ぶ鳥を追って消えた。老人は七〇歳。別離を嘆く時間は、もう長くはない」

と吟《ぎん》じたのを、その子の魂が聞いて感動し、こう誓った。

「もし、また人として生まれることがあるなら、再度、この家に生まれよう」

日を経て、〔子の魂は〕人に捕らえられ、ある場所に来た。そこには、県吏《けんり》のような者がいて、「顧況の家に再び自分を生まれさせた」と思った後は、何も覚えていない。

だが、のちに意識が急にはっきりして、目を開いてみると、もとの我が家で、兄弟親族みんながそばにいた。しかし、語ることはできず、生まれた後は覚えていなかったが、七歳になったとき、兄がふざけて彼を叩いたとき、突然、「俺はお前の兄だ。どうして俺を叩くのか」と言ったので、家族が驚き怪しんで問うと、生まれる前の出来事を少しの間違いもなく語った。のちに「進士《しんし》〔科挙《かきょ》合格者〕顧非熊《こひゆう》」と呼ばれた人のことである。

（注10）中国、唐代の随筆集。怪事異聞を百科全書的に記す。

中国にもあった勝五郎とそっくりの話

また、『増補夷堅志《ぞうほいけんし》』（注11）には、代州《だいしゅう》の盧忻《ろきん》という者のことが載っている。

生まれて三歳で、上手にしゃべることができ、母にこう告げたという。

「ぼくの前世は回北村《かいほくそん》の趙氏《ちょうし》の子だった。一九歳になったとき、牛を山の下に追っていたが、秋雨で草が滑りやすかったので、崖下に墜《お》ちてしまった。がんばって起き上がってみると、もう一人、そばに誰かが倒れている。

心の中で、『ぼくと同じ牛飼いが墜ちたのだろう』と思って、大声で呼ぶが、反応がない。よく見ると、それは、ぼく自身だった。

ぼくは、この体に入ろうと思うけれど、入ることができなかった。でも、体を捨てるのは耐えがたく、そこらをぐるぐると回っていた。

翌日、父母が来て、ぼくの遺体を見つけて激しく泣いたので、ぼくは話しかけたが、父母には聞こえず、とうとう火を焚いてぼくの体を焼いた。そのとき、『ぼくを焼かないで』と言ったけれど、今度も反応はなく、火葬が終わって骨を拾って、そこから去ってしまった。ぼくはついていこうとしたけれど、父母を見ると身の丈が巨大に見えて恐ろしかったので、ついていくことができなかった。

寄《よ》る辺《べ》なく、一月《ひと》余りさまよっていると、一人の老人が忽然《こつぜん》として現れ、『わしが、お前を帰らせてやろう』と言うので、ついていくと、一軒の家に着いた。老人が指さして、『これがお前の家だ』と言って、ぼくをここへ生まれさせた。これが今のぼく自身だ。ぼくは昨日の夜、夢の中で前世のときの父母に告げておいたから、明日来て、ぼくを見るはずだ。〔前世の〕我が家には一頭の白馬がいて、必ずそれに乗ってくるだろう」

盧忻の母親は奇妙な話だと思いながら、翌日、門で待っていると、果たして白馬を馳《は》せてくる者があった。盧忻はこれを見て、躍り上がって喜び、

「ぼくの父さんが来た」

と言う。会って泣きながら昔のことを問うと、知らないことはなかった。それからは、両家でその子を養ったという。

これなどは、勝五郎の件と、とてもよく似た事例である。

（注11）『夷堅志』は、中国・宋代の志怪《しかい》小説集（怪異談の記録集）。

王曾《おうそう》と張飛《ちょうひ》は上位の神霊のところに帰《き》している

「県吏のような者」（『酉陽雑俎』）といい、「老人」（『増補夷堅志』）といい、唐土《もろこし》（中国）でも「城隍神《じょうこうしん》」（注12）といって、産土の神のようなものを土地の鎮守として祭っているから、その神であろうと思われる。

そもそも生まれ変わりのことは、日本でも中国でも非常に事例が多い。広く採り並べて考えてみると、顧況の長子が顧非熊として生まれ変わり、趙氏の子が盧忻として生まれ変わり、程窪村の藤蔵が現在の勝五郎として生まれたなどという例は、産土の神、中国で言う城隍神のしたことだと理解されるが、このほかに、妖魔《ようま》がわざと、生まれ変わり・転生させることが特に多い。このことは、『古今妖《ここんよう》魔《み》（魅）考《こう》』〔文政5年刊行〕と名付けた私の書物の中で別に詳しく論じておいた。

さて、たいていの人の魂は、妖魔に引き込まれていないかぎり、その土地の鎮守の神が治めていると思われる。なかには、その道の上位の神霊が鎮座するところに帰《き》して、その治めを受けている者も多いと考えられる。

漢籍に、宋《そう》の王曾《おうそう》、字《あざな》は孝先《こうせん》という者のことが出ている。彼の父は高齢であったが、夢に孔子《こうし》の神霊が現れ、「曾参《そうしん》〔孔子の弟子〕を生まれさせ、家を栄えさせよう」と告げた。それからまもなく、果たして男子が生まれたので、王曾と名付けたが、のちに宋の宰相となった。

宋の高宗《こうそう》〔南宋の初代皇帝〕の夢には、関羽《かんう》〔後漢末期、蜀の将軍〕の霊が現れて、「張飛《ちょうひ》〔後漢末期、蜀の将軍〕を相州岳家《そうしゅうがくけ》の子として生まれさせる」ということを告げた。岳家のほうでも、張飛が宿ってくる夢を父親が見て、その後、男子が生まれたので、岳飛《がくひ》と名付けた。

こうした類の話は、上位の神霊のところに帰していた霊魂が生まれ変わったのであることは疑いない。

（注12）中国の民間信仰における都市の守護神。

④あの世を治める神々の世界

日本には、大本《おおもと》を治める神と、地域を治める神とがいる

人が死んだ後に向かうという幽冥《ゆうめい》（死後の世界）のことは、神代《かみよ》に天照大神《あまてらすおおみかみ》、産巣大神《むすびのおおかみ》の詔命《みこと》により、杵築大社《きづきのおおやしろ》（東京都武蔵野市）に鎮《しず》まり坐《いま》す大国主神《おおくにぬしのかみ》が永久に治められる御業《みわざ》であることは、神典《しんてん》などに詳しく記し伝えてあり、明らかであるが、さらに古伝に基づき、よくよく考究すると、それは幽冥のことの大本《おおもと》を治めていらっしゃるのであって、末節のことに至っては、神々が分担して受け持たれていると考えられる。

それは、この現世においては大君《おおきみ》〔天皇〕がおられて、政事《まつりごと》の大本を統治なさっており、それぞれの地方は、それを分担して司る人々を任命して治めさせておられるようなものである。

幽冥のことの大本は、大国主神が統治なさり、末端のことについては地域の鎮守の神、氏神、産土の神などと言われる神々が分担して司り、人々が生きている間はもちろん、生まれてくる前も、死んだ後もお治めになるということである。このことを細かく述べると長くなるので、ここには記さない。

神事をしなかった氏子《うじこ》の家が火事になった話

中世以降で、こうしたことの証となるものを一つ二つ記すと、『古今著聞集《ここんちょもんじゅう》』〔鎌倉時代の世俗説話集〕の神祇部《じんぎ》に、こういう話が載っている。

仁安《にんあん》三年〔1168年〕四月二一日、吉田祭〔京都・吉田神社の祭礼〕の日のこと。伊予守信隆朝臣《いよのかみのぶたかあそん》〔藤原信隆〕は、氏子《うじこ》であるにもかかわらず、神事《しんじ》もしないで仁王講《におうこう》（注13）を行ったところ、灯明《とうみょう》の火が障子に燃え移って家が焼けてしまった。大炊御門《おおいのみかど》室町〔京都府京都市中京区〕でのことである。その隣は民部卿《みんぶきょう》光忠卿《みつただきょう》〔藤原光忠〕の家であったが、神事をしていたので、延焼を免れた。恐るべきことではないか、とある（吉田社は藤原氏の氏神である）。

また、藤原重澄《ふじわらのしげすみ》が若かったときに、兵衛尉《ひょうえのじょう》（注14）になろうと思って、稲荷《いなり》の氏子でありながら加茂《かも》にご奉仕して、土屋《つちのや》（注15）を造進した（「稲荷」は、『神名式』に「山城国紀伊郡《やましろのくにきいのこおり》〔京都府京都市南部〕に稲荷神社三座並びに名神大月次《みょうじんたいつきなみ》新嘗《にいなめ》」とある御社のことを言う。三座は中座が宇迦之御魂神《うかのみたまのかみ》、左右は猿田毘古神《さるたひこのかみ》、大宮能売神《おおみやのめのかみ》であると書物に見える。「加茂」は同書に「山城国愛宕郡《おたぎのこおり》〔京都府京都市左京区〕に賀茂別雷《かもわけいかづち》神社、名神大月次相嘗《あいなめ》新嘗」とある社《やしろ》のことである）。

しっかりと手を回し、社家《しゃけ》（注16）も推薦していたので、外れるはずもなかったのに、たびたびの除目《じもく》〔任官の儀式〕に漏れてしまった。重澄は、社の師に申し付けて出世の祈願をさせたが、その頃、師が次のような夢を見た。

「稲荷から使者が来る。人が応対に出て用向きをたずねると、その使者が申すには、『重澄の願いはどうしても叶《かな》えてはならない。我がひざもとで生まれながら、我を忘れた者であるから』と言う。取り次ぎが大明神に申し入れる様子で、何度も問答があった。

『それでは、今回は願いを叶えずに思い知らせ、次回の除目で昇進させるのがよい』と申したところ、使者は帰っていった」

師は、はっと目を覚まして、急いで重澄のもとに行き、このことを語った。

不思議に思っていたところ、このたびの除目では任命されなかった。そこで、この夢が本当かどうかを知ろうと、稲荷へ参拝した。すると、次回の除目では、自分から申し出てもいないのに昇進できたのであった。
このようなことは、ほかにもいろいろな書物に載っている。

（注13）「仁王般若経《にんのうはんにゃきょう》」を講じ読誦《どくじゅ》する法会《ほうえ》。
（注14）律令制における、宮司である兵衛府《ひょうえふ》の判官。
（注15）神主が穢《けが》れを払う清め所。
（注16）代々神官をしている家柄。

まずはその土地の神に仕えることが大切

これらのことを考えると、鎮守の神、氏神などが、各地域の人を分担して治めておられることをわきまえておきたい。

寛平《かんぴょう》七年〔８９５年〕二月三日の官符《かんぷ》（注17）に、「諸人の氏神は畿内に多くある。毎年二月、四月、十一月の先祖の常祀《つねのまつり》をやめてはならない。もし、申し請う者があれば、ただちに官宣《かんせん》を下そう」とあり、氏神の祭祀を大切にすべきことを命じておられる。この例にならって、産土の神の祭祀は手厚くすべきものである。また、『塵添壒囊抄《じんてんあいのうしょう》（鈔）』〔室町時代の仏教系の百科事典〕にも、神に仕える心のあり方を論じて、「まず、その土地の神明に心を込めて奉仕して、その余暇には他の霊験《れいげん》（注18）をも求めるのがよい」とある。そのことは『神宮雑事《じんぐうぞうじ》』という秘録にも、人間《じんかん》〔人間界〕の譬《たと》えを引いて、自分の主君をさし置いて他人に従うことにたとえている。

なぜ、仮にも我が神をさし置いて、他所《よそ》の利益《りやく》を仰ぎ申し上げるのか。もし、他所を伺うとしても、主君に背いて他所に参るのは不当なことだと思うべきだ。だから、その土地の神様が狭く小さな場所にあっても、その恩徳《おんとく》を軽んじてはならない。社が破損しているときは、どんなぼろをまとってでも、餓死を覚悟で修繕のために奉仕すべきだ（今思うと、世の中で、仏事のためには、ぼろをまとい命をもかけて行う人は多いが、我が身の本《もと》である神事に関しては、そうする人がいないのがたいへん悲しい）。

「もし、その土地の神様が不信者の過ちを咎《とが》めて祟っておられるなら、どんなに頼んでも、他所の神様は、決して助けることができない。だが、もし、他所の祟りを受けたなら、当地の神様が、恵みによってなだめてくださる。こうした心で仕えるべきだ」というのは、よく神の事情をうかがいえた説であって、法師としては特に感心な論である。

文政六癸未《みずのとみ》年〔1823年〕五月八日

伊吹廼屋《いぶきのや》のあるじ〔篤胤のこと。気吹舎《いぶきのや》は篤胤の号〕記

（注17）太政官《だいじょうかん》から管轄下の八省・台・諸国などに下す公文書。

（注18）人間の起請《きしょう》に応じて神仏などが示す不思議な現象や利益。

⑤不思議な力を持つ産土の神

【『勝五郎再生記聞』は、右記の文政六年五月八日で脱稿するが、その後、次のさらなる論考を追加して、六月七日をもって完成となる。訳者】

以上のように論じて終わりにしてみたものの、それでもまだ飽き足らず、産土の神のことについて、また近頃、見聞したことで思い合わされることなどを、二つ三つ書き足そう。

禁酒の誓いを破り、金毘羅《こんぴら》の神に咎められる

これは、倉橋与四郎《くらはしよしろう》殿（注19）が語られた話である。

文化一二年〔1815年〕のこと、小石川戸崎町《とさき》〔東京都文京区〕に住む石屋《いしや》長左衛門《ちょうざえもん》という石工《いしつくり》の弟子で、丑之助《うしのすけ》という者が重い瘡毒《そうどく》〔梅毒《ばいどく》〕にかかり、医師たちも「治らないだろう」とのことだった。

この男は元来、大酒飲みであったが、讃岐国象頭山《さぬきのくにぞうずさん》〔香川県琴平山《ことひらやま》〕の神に願かけをして酒を断ったところ、あれほど重かった病がだんだんに治った。だが、もともと酒は大好物だから、禁酒の誓いを守ることができず、時々は「酒しほ」と称して、おかずに浸して飲むことなどもあったという。

ちなみに記す。讃岐国象頭山というのは、かの山の別当金光院正伝《べっとうこんこういんしょうでん》の秘事《ひじ》として記されたものを見ると、もとは琴平と言って、大国主神の奇魂《くしみたま》（注20）である大物主神《おおものぬしのかみ》を祭っていたが、この大物主神が、天竺《てんじく》〔インド〕の金毘羅《こんぴら》神という神に形勢感応が似ているので、混合して金毘羅と改めた、とのことである。

さて、そうして、その年の九月一〇日は、例のごとく、その土地の鎮守・氷川大明神の祭日であったが、その前日、土地の若者どもが丑之助に踊るよう強引に言った。

「おぬしは狂踊《たわれおどり》が上手だから、いつものように明日は踊れ」

「俺は瘡毒で治らないはずのところを、金毘羅の神様に願かけをして禁酒したから治ったことは、おぬしらも知っているとおりだ。酔っ払っておかしくなった心でなくては、あの踊りはできるものではない」

「明日は鎮守の神様の祭りなんだから、いつもとは違う。酒も飲んで、踊りもしろよ」

「なるほど、そうか」

と、丑之助も祭りの当日は朝から友人たちと酒を飲んで遊び、酔いつぶれていた。すると、巳《み》の刻〔午前10時〕ぐらいから、たちまちに高熱を発して、

「ああ熱い、耐えがたい。金毘羅様、お許しを！」

と言う。みなが驚いて、

「どうしたんだ」

と問うと、庭の空を指さして、

「みんなには見えないのか。金毘羅様があそこにいらっしゃるのに」

と言う。みんなは見るが、目につくものもない。

「どんな状態でいらっしゃるのか」

と問うと、丑之助は火のような息をついて、

「神様は黒髪を長く垂れて、冠装束《かんむりしょうぞく》をお召しだ。雲の上にお立ちになっている。とてもたくさんのお供がつき従って、爪折《つまお》りの日傘〔緋《ひ》がさ〕を差しかけている。御前《みまえ》には鬼神《きしん》のような力士がいて、神の仰せを承り、『汝《なんじ》の病、極めて治りにくいところを、強く祈り申したゆえ、癒してくださったのだ。しかるに、折々ひそかに少しずつ酒を飲んでいただけでなく、今日は朝から思う存分に酒を飲んで酔い痴《し》れること、憎く思《おぼ》し召すによって、お前の手足の指をみな折らせる』ということで……」

と、言い終わらないうちに、丑之助はうつ伏せになって、「お許しを」と大汗を

流して泣き叫ぶ。そのありさまは、何者かに押し伏せられて、足の指を折られる様子で、その恐ろしさは言い尽くせないほどである。

それでも若者たちは勇気を奮い起こし、一緒に引き起こそうと寄ってきたが、何者かに投げられたように感じ、打ち倒されて近づくことができない。

そのありさまはひどく恐ろしかったので、日頃は「鬼だってやっつけてやる」という具合に意気込んでいる男たちがみな逃げて、恐れおののいてしまった。丑之助の片足の指がすべて折られてしまったと思う頃に、丑之助がまた、

「(今度は)鎮守氷川明神様がいらっしゃった」

と言って声を上げ、

「この罰からお救いください」

と叫んだ。が、しばらくして、

「多久蔵司稲荷様《たくぞうすいなり》〔現・澤蔵司稲荷《たくぞうす》〕がお出《い》でになった」

と言って、人々に

「近寄らないように」

と制しながら起き直り、かしこまって、しばらくそのままでいた。そして、腹《はら》這《ば》いになって庭に出てひれ伏し、神々をお送りする様子であったが、狂態《きょうたい》は収まっていた。

(注19) 倉橋勝尚。『仙境異聞』(第二章)にも登場する人物で、易や印相に関心があるところから、易学者か。
(注20) 神道には、「神や人には、荒魂《あらみたま》、和魂《にぎみたま》、奇魂、幸魂《さきみたま》の四つの魂があり、それらを一つの霊(直霊《なおひ》)がまとめている」という思想があり、奇魂は「智」の機能を担うとされている。

産土の神の守護があれば、他の神様の崇《たた》りも逃れられる

そこで、人々が寄ってきて事情を聞くと、丑之助は、

「金毘羅の神様がお怒りになるご様子は、恐ろしかった。雲の上におられて、俺のほうを流し目で一目御覧になるたびに、俺を押さえつけていたあの力士が、俺の足の指を一本ずつ折っていったのだ。

左の足の指をみな折られたと思ったとき、鎮守の神様が、これもお供をたくさん連れて、束帯《そくたい》姿でお出でになり、金毘羅の神様に向かっておっしゃるには、

『この者が、御前に祈り申して酒を断ったゆえに病を癒していただいたことを忘れ、今日、ひどく酒を飲んだのをお咎めになるのは、もっともなことである。だが、この者は、もともと我が氏子であって、今日は特に我が祭りであるがゆえに、我をなぐさめるわざをしようとして、人々にそそのかされて酒を飲んだのだ。それならば、お許しになってもよかろうし、たとえお咎めになる場合でも、一応《ひとわたり》は我

にそのことをおっしゃってから罰するべきではないか。そういうこともなく、我が氏子を思いのままにお咎めになるのは納得がいかない』と。

金毘羅の神様は、『なるほど』とお思いのご様子ではあったが、何の返事もなく、互いににらみ合っておられたところに、伝通院《でんづういん》〔東京都文京区小石川〕の多久蔵司稲荷の神様がお出でになった。姿は僧体《そうたい》のようにお見受けした。浅黄《あさぎ》の深頭巾《ふかずきん》をかぶっていた。

多久蔵司稲荷の神様が、お二方の神の間に平伏《へいふく》して、ひどく恐縮した様子で、『私は伝通院の多久蔵司でございます。金毘羅宮様のお怒り、氷川明神様の仰せ、ともにごもっともなことと承ります。これも、そもそも、この者の怠りから起こったことでございますので、いずれにしてもお咎めになるのは当然ですが、この者は、折々、私のもとへも詣できて、身の上のことを祈っておりましたので、ここへ参りました。お二方のお怒りは、どうか私に免じて、この者の罪をお許しください。そうすれば、金毘羅宮様のおもとには、この者をお礼参りさせましょう』

と申されたところ、二柱《にはしら》の神は、それにお心を和ませた様子で、挨拶して、おごそかに立ち去られたのだ」

と、大息をつき、震えわななきながら語った。

こうして、丑之助の左の足の指三本は、骨がへし折られ、萎《な》えてしまった。人々は最初からのいきさつをよく見ていたので、ひどく怖がって、集まって路銀《ろぎん》をそろえて与え、丑之助を象頭山の御社に参詣させたところ、折れた指ももとのように治ったという。

だから、「産土の神様の守護がある場合には、他の神様の祟りも逃れることがあるのだろう」と語られたのだった。

産土の神を恐れる山伏《やまぶし》の話

これに関して、私も以下のようなことを話した。

松村完平《かんぺい》（注21）の話だが、大坂〔大阪〕に声がとてもうるわしく、今風の長唄というものを歌うのを職業にしている男がいたという。

この男が、ある日、道で山伏《やまぶし》の格好をした男に出会った。すれ違いながら、

「そなたの美声を、しばらく俺に貸してくれよ」

と言われたが、通りすがりの冗談だと思って、笑いながら、「はいはい」と言って通り過ぎたのだが、三日ほどすると、病気でもないのに声がかれてまったく出なくなってしまった。

しかし、先の異人《いじん》に声を貸したことには少しも思い当たらず、男は、

「住吉神社が産土の神様だから、住吉神社に祈ろう」

と思って出かけた道で、再びその山伏のような格好の人と出会った。

「先日は、俺が頼んだとおり声を貸したくせに、そのことを忘れて、産土の神様に祈ろうとするとは納得がいかない。お前が産土の神様に祈ったならば、俺はきっと罰せられる。そんなことになったら、俺はお前をひどい目に遭わせるからな。

それよりは、しばらくの間だから、なんとか声を貸してはくれないか」と言う。そこで、男は初めて、先日、「声を貸す」と言ったことを思い出して、急に恐ろしくなって、

「決して産土の神様に祈らない」

と固く約束して立ち帰った。

三〇日ほど経って、道中で、また例の異人と行き会った。その異人が、

「お前の声を今、返そう。受け取れ」

と言うと、もう声はもとどおりになっていた。そして、異人は、

「お礼をしよう」

と言って、まじないの術を授けてくれた。これは万病に効くまじないで、男はのちに歌唄いの仕事をやめて、このまじないだけで安楽に暮らしたという。

「声を貸した」などということは、疑う人もいるだろうが、上総国東金《かずさのくにとうがね》〔千葉県中部〕というところの孫兵衛《まごべえ》という者が、異人に口と耳とを貸してしまって、三

年ほど耳が聞こえず、口もきけなくなっていた例もあるので、それと同様に理解するのがよい。

（注21）篤胤の門人の一人。松村平作。大坂の人。篤胤の門下になるために江戸に来て逗留《とうりゅう》していた。

妖魔からも守ってくれる産土の神

また、今井秀文《ひでふみ》（注22）が、ある諸侯から聞いたこととして語った話がある。その諸侯が治める土地で、ある子供が異人に誘われて行方不明になった。そのため両親がひどく泣き嘆いて産土の神に祈ったところ、四、五日して帰ってきた。その子は、こう語ったという。

「連れていかれた場所は、どことも知らない山だった。異人が多くいて、剣術などを練習していた。時々、酒を飲みかわすこともあって、その盃《さかずき》を、遠く谷を隔てた山の頂などに投げて、『取ってこい』と言うので、おらは、『取れるわけがないよ』と断ったら、怒って谷底に突き落とされた。そうかと思うと、何のこともなくその山に着いていて、盃を取って異人たちの前に来ていた。いつもこんなふうに異人たちに使われていたが、昨日、『お前の親たちが熱心に祈願しているから、産土の神様が、早くお前を返しなさいと申されるので、ここに置くことはできない』

と言われて送り返された」

また、備後国《びんごのくに》〔広島県〕の稲生平太郎《いのうへいたろう》という者のもとへやって来た、山本五郎左衛門《さんもとござえもん》と名乗る妖物《まがもの》の話がある。この妖物と平太郎が応対したとき、産土の神が姿を顕《あらわ》して、平太郎に付き添って守られたため、平太郎は妖気に蝕《むしば》まれることがなかったとのことだ。

これらのことを考えると、妖物が人に取り憑いて災いをなすような小事については、産土の神たちが司っており、人を守護し、妖物を追い払うことになっているのだろう。だからといって、神を信じない者には、守護も薄くなるようである。このことを知らねばならない。

このような説を述べ、試しに寅吉に問うてみた（この寅吉とは、幼いときから神仙《しんせん》の使いとなって、奥山に幾年かいた者で、神の実情をうかがい見た者だ。このことは『仙境異聞《せんきょういぶん》』といって、別に詳しく記した書物がある〔本書第二章参照。このとき、寅吉は篤胤の門人となっていて、当時、数えで一八歳〕）。寅吉はこう答えた。

「まことにそのとおりです。山でもそのことを聞きました。妖魔であれ何であれ、産土の神様が厚く守護なさっている人には、危害を加えることができません。たまたま、神様の守護のない隙をうかがって誘っても、親などが心を込めて神様に祈るときは、返さないではいられないものと言われています。

しかし、場合によっては、その異界のことを世に漏らさないために、痴呆《ちほう》のようにして返すことも多いのです。神様のお力をもってしても、そういうことまでは、とどめがたいこともあるのでしょう。また、どんなに心を込めて祈っても、帰ってこない人もいるのは、神様同士が相談して、その者を呼び寄せてお使いになる場合もあるようです。だから、祈っても効き目のないこともあるのでしょう」

（注22）1792-1871。国学者・神道家で、篤胤の門人の一人。大国隆正《おおくにたかまさ》、今井一造ともいう。

天狗にさらわれた多四郎《たしろう》

この寅吉の言葉に関連して、また思い合わされることがある。それは次のような話である。

私のところに通ってきては、ものを問う、野山又兵衛種麻呂《のやまたべえたねまろ》（注23）という男がいる。家は江戸南鍋町《みなみなべちょう》〔東京都中央区銀座〕というところである。この者の子に、多四郎《たしろう》という者がいる。

文化一三年〔1816年〕、この多四郎は一五歳頃、多四郎の母の甥で、芝口日蔭町《しばぐちひかげちょう》〔東京都港区新橋〕というところに住む万屋安兵衛《よろずややすべえ》という者の家に滞留していたときに、誤って釘を踏み抜き、病気になって寝ていた。

五月一五日のことである。すでに灯火《ともしび》をともす時間になっていた。多四郎は痛む足に無理に木履《ぼくり》を履《は》いて、裏の便所に立って小便をしていた。

ところが、「アッ」と叫ぶ多四郎の声がしたので、人々が家内から出てみると、多四郎は見当たらず、衣服の片袖がちぎれて落ちていて、履いていた木履が屋根の上にあった。人々は驚いて口々に多四郎の名を呼んだが、何の反応もない。「これは天狗が連れ去ったのだろう」と、人を走らせて、父親である又兵衛のところに告げ知らせた。

又兵衛は急いで駆けつけ、状況を尋ねたが、安兵衛と同じ長屋の者たちは、「慣わしのとおり太鼓や鉦《かね》などを打ち鳴らして多四郎を探しに行こう」と騒いでいた。そこで又兵衛は、

「これは間違いなく天狗のしわざと思われるから、通常の呼び方で出てくるはずもありません。みなさんに無駄なお手数をかけさせるのは心苦しいから、まずは落ち着いていてください」

と言うが、騒ぎ立てるのが慣わしであったので、みな止まることなく出ていった。

（注23）篤胤の門人の一人。江戸の人。

祈りによってさらわれた子を取り戻す

又兵衛が家に帰ると、家族の者たちは泣き伏していた。又兵衛は、事の次第を詳しく語り、

「私が祈って、きっと取り返す。泣かないでおくれ」

と慰めて、髪をかき乱して井戸端に行って水を浴びた。そして二階にある神棚の前にかしこまり、かねて私が教えておいたやり方で祝詞《のりと》をあげたという。

その趣旨は、まず竜田神《たつたのかみ》〔風を司る神〕に、

「今、天神地神《あまつかみくにつかみ》に祈り申すことを、お耳いや高に、とく聞こえ上げたまえ」

ということを何度も祈り、さらに、

「天津神千五百万《あまつかみちいおよろず》、国津神千五百万《くにつかみちいおよろず》の大神たち、ことわけては、幽事《かくりこと》をしろしめす大国主大神《おおくにぬしのおおかみ》、産土大神《うぶすなのおおかみ》の和魂《にぎみたま》は静まり、荒魂《あらみたま》はことごとくによりたまいて聞こしめせ。

私は、いやしくも深く神世の道を尊び、畏れ多くも、神様のお恵みをいただき、

心を正すことはもちろん、一日も神拝《しんぱい》を怠ることなく、祈り頼み申していますが、今、我が子にかかる災害があっては心細いことでございます。一方では、痴《し》れ者たちに後ろ指をさされるのも恥ずかしいもの。されば、わたくしめの恥は、神様の道の恥ではありませんか。明日とは言いますまい、今すぐに我が子を返させたまえ」

と大声で何度も何度も、汗みずくになりながら、極めて激しく六時間ほども祈ったという。

あまりにも熱心に祈って明け方になり、何か食べたくなったので、階下《はしご》を下りて自分で飯びつを取り出して、飯を二椀食べているところに、あわただしく門を叩く音がする。「どなたです」と問うと、

「安兵衛のところから来ました。多四郎さんが今帰ってきました。けれど息絶えたようになっているので、早く来てください」

と言い捨てて帰っていった。又兵衛は、たいへん喜び、神々に感謝申し上げ、

近辺の医者を伴って急いで安兵衛のもとに走った。

来てみると、多四郎は死んだようになっていて、人々がそばについて名を呼んでいた。「どんな具合ですか」と問うと、

「長屋の者たちが探しに出た後、家内の者は、ただ呆然と顔を見合わせていたのですが、七つの鐘が打つ頃〔午前4時頃〕、長屋の中がガラガラと震動して、空から、この家の門口に、大きな物を打ちつけたような音がすると同時に、『ウン』という声がしました。はっとして急いで戸を開けたところ、多四郎さんでした。そのまま庭に転がり込んで、このように意識がないのです」

と言う。多四郎の顔面に水をそそぎ、医師が気付けの薬などを飲ませて、身動きするのをしばらく待って、

「おい、多四郎。心を確かに持て。父さんだよ」

と三声ほど呼んだところ、かっと目を開けて父親を見つめた。

「ああ、ありがたい。今帰ってこられたのは、父さんのおかげだ」

「それは、どうしたわけか」

「恐ろしくて、今は話せない」

と震えおののきながら言うので、

「それはそうだろう」

と、いたわって寝させた。多四郎は二日二夜ほど疲れて寝ていたが、時々目を開けて、「ああ、怖かった」と言っていたのであった。

天狗の世界にまで届いた、父の祈る声

こうして、正気を取り戻した後、よくよく尋ねてみると、多四郎は次のように語った。

「あの夜、痛む足で爪先立ちになって、なにげなく小便をしていたが、どこからともなく、髪を垂れた大男が、さっと現れ、『さあ、来い』と言うと同時に強引に

腕をつかまれたので、ふりほどいたところ、『こざかしい』と言って両手で首筋をつかまれ、屋根から空に飛び上がった。

『もうだめだ』と思って息を詰めていると、少しの間に、どこか知らないが美しい山に着いていた。寺のような場所があった。そのときは、もうここ〔万屋安兵衛の家〕は日が暮れていたけれど、そこ〔山〕は、まだ明るかった。目を開けてよく見回すと、とっても恐ろしくてよく分からなかったが、山伏のような人、法師、あるいは俗人《ぞくじん》の姿をした人なども並みいる中に、上座《かみざ》にいたのは特に眼差《まなざ》しの恐ろしい老法師だった。自分を連れてきた例の大男が、末座《まつざ》に俺を連れていって、無理やり頭を下げさせた。

このとき、俺だけではなく、一二、三歳の子供を二人連れてきている男たちがいた。『ここはきっと天狗の住みかだろう』と思って、泣き悲しみながら、

『家に帰してください』

と、額《ひたい》をついて頼んでいたら、大男は俺の頭を押さえて、

『黙れ、黙れ』

としきりに言う。それでもかまわず、

『帰してください』

と繰り返して言ったけれど、ふと頭を上げて、上座の老法師を見ると、ひどく恐れている様子で頭を傾け、心耳《しんじ》を澄まして、何やら聞いているようだった。

老法師は俺を連れてきた男に、

『子供らを使う用事があって、この者も連れてこさせたが、この者の父親が神々へ激しく祈っている声が遠くから聞こえる。やがて神の仰せがあるだろう』

と言うので、そこで初めて俺も耳を澄ませて聞くと、父さんが神様に祈っている声が、風に響いてよく聞こえた。

例の大男が『黙れ』としきりに言っていたのは、老僧が耳をそばだてて聞いているときに、俺がものを言う声が妨げになるからだったんだ」

行方《ゆくえ》知れずになった伯父と従兄弟に助けられる

「そうして、老僧がこう言ったのを頼りに、なお、『家に帰してください』と繰り返し言うと、並みいる中に、年齢が五〇歳余りに見える人と、二四、五歳に見える人とが並んでいたのだが、五〇歳余りの人が手をついて、

『これは私とゆかりの者でございますので、どうか帰してやってください』

とお願いした。老僧は俺に、

『それでは帰るがよい』

と言う。俺が、

『俺一人では帰れない』

と言うと、老僧が大男に、

『送ってやれ』

と言う。大男がすぐに俺を引っ立てて大空に昇ったところまでは覚えているが、

後は知らない」

と語ったのであった。多四郎の母親も、甥の安兵衛も、このことを聞いて、その五〇歳余りと見えた人の様子について多四郎に詳しく尋ねた。

すると、母親がたいへん驚いて話し始めた。

「今から二〇年前、寛政《かんせい》九年〔1797年〕のことだが、私の姉婿の万屋《よろずや》万右衛門《まんえもん》という人がいて、その頃はいさらご〔伊皿子《いさらご》〕台町〔東京都港区高輪〕というところに住んでいた。この人は今の安兵衛の父親だが、九月二四日の夕方、安兵衛の弟で藤蔵《とうぞう》という七歳の子を連れて、芝の愛宕山《あたごやま》〔現・東京都港区愛宕神社〕へ詣でたのだけど、行方知れずになってしまった。

銭二〇〇文以外に何も持たずに出かけたのだし、幼い子までも連れていたので、旅に出るはずもないのに、そのままずっと帰らないでいる。その後、巫女《みこ》に口寄《くちよ》せ（注24）をして尋ねると、

『今は二人とも、人が見ることのできない場所で使われていて帰ることができない。

時々、そちらの人々を見るけれども、言葉を交わさない定めなので、そうしているのだ』

と言う。年齢や様子から考えると、多四郎が会った、五〇歳余りと見えた人は、きっと私の義兄〔万右衛門〕だろう。また、二四、五歳と見えた人は、大人になった藤蔵だろう。だから、多四郎とは伯父と従兄弟《いとこ》なのだから、『ゆかりの者』と言ったのだろう」

人々はこれを聞いてひどく驚き、「本当にそうであろう」と思ったのであった。

その後、多四郎は竜田神を非常に信仰して、一日も欠かさず拝んでいるということだ。

これは、〔野山〕又兵衛、〔万屋〕安兵衛をはじめ、そのときのことを実際に見た者たちが詳しく語ったのを、よくよく問うて明らかにした内容である。

〈注24〉霊を乗り移らせて語らせること。

「不思議な事象を信じない」という人は思慮《おもいはかり》が足らない

さて、考えてみると、安兵衛の家から、灯火をともす頃に誘拐されて、行き着いた場所が「まだ明るかった」というのだから、一〇〇里〔約400km〕余りは西に当たる国に連れていかれたのだろう。ところが、「江戸で祈っている父の声が聞こえた」というのだから、神の道を知らない人は、「まったくありえない話だ」と、怪しく思うだろう。

しかし、よく神の道の道理をわきまえている人は、不思議には思わないだろう。正しい神が人を守護して、御稜威《みいつ》〔ご威光〕を振るい、幸福をもたらそうとなさるとき、妖鬼《まがもの》の類がこれを恐れることは、この多四郎の一件をもってしても悟ることができよう。

だが、中国かぶれの、鈍い心の人々は、『不思議なことなど存在しないのだ』などと、例の未熟な見識でもって、あげつらうことだろう。

すべて、世の中でさまざまに知られる不思議な事象には、信ずべきでないものもあり、信ずべきものもある。信ずべきでないものを信ずるのは、凡人である。信ずべきものを信じないのは、中国かぶれの人である。どちらも思慮《おもいはかり》が足らないのである。

だから、これらの不思議な事象というものは、ふさわしい人に対してでなければ、みだりに語らぬほうがよいのだが、そうそう黙ってばかりもいられないのである。

文政六癸未年〔1823年〕六月七日

伊吹舎主《いぶきのやのあるじ》〔篤胤のこと。気吹舎の別表記〕又記

第二章

「天狗少年」寅吉物語

【本章『仙境異聞《せんきょういぶん》』は、前章『勝五郎再生記聞《かつごろうさいせいきぶん》』に登場する「寅吉《とらきち》」のことを詳しく記している。寅吉は、勝五郎とは別の意味で不思議な体験をし、「天狗小僧」として大評判になった人物である。訳者】

①「天狗少年」寅吉の超能力

世間で話題の「天狗少年」に会いに行く

文政三年〔1820年〕一〇月一日、午後四時頃のことであった。

私のところに屋代輪池翁《やしろりんちおう》（注25）がやって来て、

「今、山崎美成《やまざきよししげ》（注26）の家に、天狗に誘われて長年月、その使者となっていた少年が来ていて、異界《いかい》で見聞きしたことを語っているのだが、あなたが以前から考え、書いてきたことと符合することがとても多い。私は今、その少年を見に、美成の家へ行くところだが、あなたもぜひ一緒に行きませんか」

と言う。私は常々、そういう者に直接会って問いただしたいと思うことがいろいろあったので、たいへんうれしく思った。ちょうど、私のところに伴信友《ばんのぶとも》（注1参照）が来ていたので、「すぐに帰ってきますよ」と言って、屋代翁に伴われて、美成のもとへと出かけたのであった。

ちなみに、美成というのは長崎屋新兵衛《ながさきやしんべえ》という薬商人で、以前は私に教えを受けていたが、さらに高田与清《たかだともきよ》（注27）に従い、今は屋代翁の門に入って、広く読書を好む男である。家は下谷長者町《したやちょうじゃまち》〔東京都台東区上野〕というところで、私の今住んでいる湯島《ゆしま》天神の男坂下《おとこざかした》〔東京都文京区湯島〕というところからは、七、八町〔700〜800m〕ぐらいもあるだろう。屋代翁の家と美成の家とは四、五町ぐらい離れている。

歩きながら途中で屋代翁に問うた。

「『神誘《かみいざな》いに遭《あ》った者』の言葉というのは、ぼんやりとして不確かであり、特に、異界のことについては、つつみ隠して露骨には言わないものですが、その子供はどうなのでしょうか」

「世に噂される『神誘いの者』はたいていそうです。けれども、その子供は隠さず語るとのことです。以前、蜷川《にながわ》家へ行ったときに、『遠い西の果てにある国々にも行き着いて、迦陵頻伽《かりょうびんが》（注28）までも見た』と言って、その声をも真似て聞かせたと、美成が話していました。近頃、あるところで神に誘われた者も隠さずに語ったということですから、昔は、異界のことが世の中に漏れるのを忌《い》んでいたが、近頃は、異界のことをそれほど隠さなくなったのではないでしょうか。よく質問して、忘れずに筆記してください」

そう屋代翁が繰り返し言われるので、私も意を同じくして、心の中で、

「現世の状況も、昔は厳重に秘していた書物や事物も、今は世の中に知られているものが多く、知り難かった神話時代方面の隅々も、次々に明らかになり、外国

の事物や、さまざまな器物も、年を追って世に知られるようになったのを思うと、これはみな神の御心であって、異界のことまでも知ることのできる、いわゆる機運というものが巡ってきたのかもしれない」

などと考え続けていているうちに、美成の家に到着した。

（注25）1758‐1881。江戸中後期の幕府御家人で右筆《ゆうひつ》（文書記録係）、国学者。のちに弘賢《ひろかた》。塙保己一《はなわほきいち》の『群書類従《ぐんしょるいじゅう》』の編纂に関わる。

（注26）1796‐1856。江戸後期の随筆家、雑学者。篤胤《あつたね》、小山田与清《おやまだともきよ》の門人。

（注27）1783‐1847。江戸後期の国学者。小山田与清。篤胤、伴信友とともに国学三大家の一人。

（注28）上半身が美女の姿をしている極楽の鳥。

未来を予知できた寅吉

ちょうど主人は在宅で、例の子供を呼び出して、屋代翁と私とに対面させてくれた。その子供は、私たち二人の顔をじーっと見て、お辞儀をしようともしなかった。そばから美成が、「お辞儀しなさい」と言うと、ひどくへたなお辞儀をした。あどけない普通の子供で、年齢は一五歳〈数え年。満13歳〉だというが、一三歳ぐらいに見えた。眼は人相家が「下三白《しもさんぱく》」と呼ぶ眼で、普通よりも大きく、「眼《がん》光《こう》人を射る」がごとく光があって、変わった顔立ちである。脈を見、腹も見たが、腹に力がある。脈は三関《さんかん》のうち寸口《すんこう》〈手首の脈所〉の脈がとても細く、六、七歳の子供の脈に似ていた。

少年は江戸下谷七軒町《しちけんちょう》〈東京都台東区上野〉の越中屋与惣次郎《えっちゅうやよそうじろう》の次男で、名を寅吉という。

『仙境異聞』に描かれている寅吉の肖像。

文化三寅年〈1806年〉一二月晦日《みそか》の朝七つ時〈寅の刻、午前4時頃〉に生まれたが、その年も日も時刻も「寅」であったため、「寅吉」と名付けられたのだという。

父親は今から三年前に世を去った。その後は、今年一八歳になる寅吉の兄荘吉《そうきち》が、少しの商いをし、母親と幼い弟妹などを養い、細々と生計を立てている〈寅吉の親や兄などのことについては、のちに私が自ら、寅吉の家を訪ねて聞いた内容である〉。

寅吉の母親によると、寅吉は五、六歳の頃から、時々、まだその出来事が起きないうちに、そのことを言葉に発することがあったという。

文化某《ぼう》年某月、下谷広小路《ひろこうじ》〈東京都台東区上野〉に火事があった前日のことである。寅吉が家の屋根に上って、

「広小路に火事がある」

と言う。ところが、人々が見ると何もない。

「どうしてそんなことを言うのか」

と問うと、寅吉は、

「あれほど火が燃えているのに、みんなには見えないのか。早く逃げてよ」

などと言うので、人々は「気でもふれたのか」と思った。だが、本当に翌日の夜、広小路が焼亡してしまった。

また、あるときは父親に向かって、

「明日は怪我をすることがあるだろうから、用心してね」

と言った。父親は本気にしなかったが、本当に大怪我をしたということがあった。

また、あるときはこんなことも言った。

「今夜、必ず盗人《ぬすっと》が入るだろう」

父親は叱って、

「そういうことを言うものではない」

と制したが、果たして本当に盗人が入ったということもあった。

寅吉はまだ立つこともできず這《は》い回っていた頃のことを覚えていて、語りだすことも時々あったという。

母親は寅吉について、「生まれつき疳性《かんしょう》〔激しやすい気質〕で、幼少のときは色が青ざめ、よく腹を下し、寝小便をしていたため、育たないのではないかと思っていたが、今年、旅から帰ってきてからは、たいそう丈夫になりました」と語っている。

出来事を未然に知っていたのが不思議で、のちに私は寅吉に、

「どうやって知ったのか」

と尋ねたところ、

「広小路が焼けたときは、その前日に家の屋根の上から見たときに、翌日、焼亡したあたりのところに、炎が起こって見えたので、そう言ったんだ。父ちゃんが怪我をすることや、盗人が入るのを知っていたことなどは、なんだか耳のあたりでザワザワとした音が聞こえたように思う。その中に、どこからともなく、『明日

は親父が怪我をするだろう』『今夜は盗人が入るだろう』という声が聞こえ、思わず、その言葉のとおりを口に出してしまった」

寅吉はそう語ったのである。

篤胤が神道を学んでいる者だと一目で見抜く

【篤胤が美成の家で寅吉と対面したところに話が戻る。訳者】

さて、寅吉は、私の顔をつくづく見て、笑みを浮かべていたが、

「あなたは神様だ」

と何度も言う。私は、不審に思って返答もしないでいたが、

「あなたは神様の道を信じ、学んでおられるでしょう」

と言う。そこへ美成がかたわらから、

「この方は平田先生といって、古学の神道を教授なさるお方だよ」

と言うと、寅吉は笑って、

「そうだろうと思っていた」

と言う。私は驚いて、

「どうして知ったのか。神の道を学ぶのは善いことか、悪いことか」

と問うと、

「何となく、神様を信じておられる方だろうと心に浮かんだから、そう申しました。神様の道ほど尊い道はなく、それを信じておられるのは、たいへん善いことです」

と答える。ここで屋代翁が、

「私をどう思うかね」

と問うたところ、寅吉は、しばらく考えてから言った。

「あなたも神様の道を信じておられますが、さらに種々の広い学問をしていらっしゃるでしょう」

これが、私がこの子供に驚かされた最初の出来事であった。

「神といはれ仏てふ名も願はずて／ただよき人になる由もがな　屋代翁」

【「神仏と呼ばれることも願わずに、ただ善人になりたいものだ」と屋代翁が詠んだもの。寅吉が篤胤のことを「神様だ」と言ったので、自分もそう言ってもらいたかったが、「善人であればいい」と若干の負け惜しみの意を含めていると思われる。訳者】

②寅吉の天狗修行

【文化九年〔1812年〕、数え年七歳〔満5歳〕のとき、寅吉は占いに強い関心

を持っていた。占いのことを知りたくて日々を過ごしていたところ、この年の四月頃、寅吉は次のような出来事に遭遇する。訳者】

小さな壺に入って山に連れていかれる

寅吉が上野にある五条天神《ごじょうてんじん》〔現・五條天神社《ごじょうてんじんしゃ》〕のあたりを歩いていると、年の頃は五〇歳ぐらいに見える、総髪《そうはつ》をくるくると櫛巻《くしま》きのように結んだ、髭の長い旅装束の老人がいた。

老人は、口の直径が四寸〔約12㎝〕ぐらいの小壺から丸薬を取り出して売っていたが、老人が取り並べた物は、小つづらや敷物まで、すべてその小壺に簡単に納まった。そうして、老人自身も、その壺の中に入ろうとするのだ。

「どうしてこの中に入れるだろうか。ありえない」

と思って見ていると、老人が片足を踏み入れたかと思うと身体全体が入った。

その壺は大空に飛び上がり、そして、どこかへ行ってしまった。

寅吉はたいそう不思議に思ったので、その後、また同じ場所に行って、夕暮れまで見ていたが、前と変わったことはなかった。

その後もまた行ってみた。すると、例の老人が話しかけてきて、

「そちもこの壺に入れ。面白いことを見せよう」

と言う。ひどく気味悪く思って断ったところ、老人は、そばにいた者が売っていた作り菓子などを寅吉に買い与え、

「お前は、占いのことを知りたいと思っているだろう。それを知りたければ、この壺に入って、わしと一緒に行こう。占いを教えてやろう」

と勧めた。寅吉は、占いについて知りたいと常に念じていたので、「行ってみたい」と思う心が出てきた。

寅吉は、壺の中に入ったかと思うと、日もまだ暮れないのに、とある山の頂に来ていた。

その山は常陸国《ひたちのくに》にある南台嶽《なんたいだけ》〔現・茨城県笠間《かさま》市上郷難台山《かみごうなんだいさん》〕という山であった（この山は加波山《かばさん》と吾国山《わがくにさん》との間にあって、獅子ガ鼻岩《ししがはないわ》という岩が差し出た山である。いわゆる天狗の行場《ぎょうば》〔修験道《しゅげんどう》の修行道場〕だという）。

さて、寅吉は、まだ幼かったので、夜になると、しきりに両親が恋しくなって泣いた。老人はいろいろと慰めたが、ますます声をあげて泣いたため、慰めかねて、

「ならば家に送り帰そう。このことを決して人に言うことなく、日々、五条天神の前に来なさい。わしが送り迎えして占いを習わせよう」

と言いふくめた。そして、寅吉を背負って目を閉じさせ、大空に昇ったが、耳に風が当たって、ざわざわと鳴るように思うと、もう寅吉の家の前に着いていたのである。

「くれぐれも、このことを人に言うな。言えばきっと、お前に害悪があるから」

と教えて、老人は見えなくなってしまった。

こうして、寅吉は、その戒めを堅く守り、後になるまで、父母にもこのことを

言わなかった。

さて、約束のとおり、次の日の昼過ぎ頃に五条天神の前に行くと、例の老人が来ていた。老人は寅吉を背負って山に行ったが、何事も教えず、あちらこちらの山々に連れていき、いろいろなことを見覚えさせ、花を折り、鳥を獲り、山川の魚などを獲って寅吉を楽しませ、日の暮れる頃には、いつものように背負って家に帰した。その山遊びの面白さに、日々に約束の場所に行き、老人に連れられていくということが何日も続いたが、家を出るときはいつも、下谷広小路にある井《い》口《ぐち》という薬店の男の子と一緒に遊びに行くふりをして出かけたのだった。

「わいわい天王《てんのう》」に姿を変えた老人

あるときのこと、七軒町のあたりに、いわゆる「わいわい天王《てんのう》」というのがやって来た。鼻が高く赤い面をかぶり、袴《はかま》をはいて太刀《たち》を差し、赤い紙に「天王」

という二字を刷った小札をまき散らして子供を集め、

「天王様は囃《はや》すがおすき、囃せや子供、わいわいと囃せ、天王様は喧嘩がきらい、喧嘩をするな、仲良く遊べ」

と囃しながら行くのを見て、寅吉も面白くて、大勢の中に交じって、一緒に囃していった。

今思うと、本郷の先にある妙義坂《みょうぎざか》というあたりまで来ていたが、日はすでに暮れていたので、子供はみな帰っていた。札をまいていた人が道のかたわらに寄り、面を取ったのを見ると、いつも寅吉を伴う老人なのであった。

そして、寅吉を送り帰そうと、家路をさして連れてきていたが、(下谷)茅町《かやちょう》の榊原《さかきばら》殿の表門の前で、寅吉の父親が寅吉を探しに出たことを老人は知って、

「お前のお父っつあんが探しに来た。このことは決して言ってはいけない」

と言った。老人は寅吉の父親に行き会うと、

「この子をお探しではありませんか。遠くまで来て迷子になっていたので連れて

きました」

と言って寅吉を渡したので、父親は大いに喜んで、名前と住所を問うと、老人は、「どこそこの誰」と、あらぬ名を言って去っていった。

翌日、老人が言ったところを父親が訪ねたが、そもそも虚言だったから、「そこにそういう人はいなかった」と言って、むなしく帰ってきた（このことを寅吉の母親に問うと、寅吉は昼飯前から夜八時頃まで帰らず、寅吉を連れていた人は、『神田紺屋町《かんだこんやちょう》の彦三郎《ひこさぶろう》』と答えたので、翌日、父親の与惣次郎が酒を持って紺屋町を訪ねたところ、そういう人はいなかったため残念に思い、同町の酒屋の知人に頼んで残らず尋ねてもらったが、彦三郎は見つからなかったという）。

五年間、師のお供をして国々を見て回る

さて、毎日のように寅吉が老人に連れていかれた山は、初めは南台嶽であったが、

いつの間にか、同国の岩間山《いわまさん》（現・愛宕山《あたごさん》）に連れていかれるようになり、今の師につくことになった。まず百日断食《だんじき》の行《ぎょう》をさせられ、その後に師弟の誓状《ちかいじょう》を書いた。そこで寅吉は、

「以前からの念願であった占いを教えてください」

と言った。師は、

「それはたやすいことではあるが、易卜《えきぼく》〔易占い〕は、よろしくないわけがある。まずほかのことを学びなさい」

と言って、諸武術、書法などを教え、神道にかかわること、祈りやまじないの仕方、符字《ふじ》の記し方、幣《ぬさ》の切り方、医薬の製法、武器の製作、また易卜ではない種々の卜法、仏道諸宗の秘事経文、その他種々のことを教えられた。

それにはいつも、例の老人が送り迎えをしたが、両親をはじめ、人には語らず、教えを受けたことも明かさないため、知る人はいない。特に家は貧しいので、寅吉が遊びに出て、世話がいらないのを家族も好都合に思って尋ねなかった。一〇日、

二〇日、五〇日、一〇〇日余りなどの間、山にいて、それから家に送り帰されたことも時々あったが、どういうわけか、家の者たちは両親をはじめ、寅吉がそんなに長い間、家にいなかったとは思わないでいたのである。

このように、山への往来《いきき》は、七歳の夏から一一歳の一〇月までの五年間だったが、この間に師のお供をし、また、師に従う他の人にも連れられて、国々のいろいろな場所を見て回った（この頃のことを母親に問うと、寅吉は、筆、こま、たこなどを持ってきていたという）。

一二、三歳のときには往来せず、ただ、折々に師がやって来て教えられるだけであった。

失《う》せ物のありかや富くじの当たりを言い当てる

父親は、寅吉が一一歳の年の八月に病にかかった。父親の病中、師が寅吉に、

「寺へ入って禅宗、日蓮宗などのことを見覚えよ」

と教えたので、寅吉は父母に、

「俺は病身で商いができるか不安なので、寺に奉公して、のちに出家したいと思う」

と言うと、父母ともに仏を信じていたから聞き入れて、この年の秋から池ノ端《いけのはた》にある正慶寺《しょうけいじ》〔東京都台東区池之端〕という禅宗の寺に預けられた。この寺で宗旨の経文を習い、宗派の様子をも見聞し、一二月に家に帰った。文化一五年〔1818年〕の正月からは、覚性寺《かくしょうじ》〔東京都台東区池之端〕という富士派の日蓮宗の寺に行ったが、その年の二月に父親が亡くなった。

この覚性寺にいたとき、ある人がやって来て、「大切なものを失くしてしまった」と人に語ったのを、そばで聞いた。そのとき、誰ともなく耳もとで、

「それは人が盗んで広徳寺《こうとくじ》〔東京都台東区東浅草〕前にある石の井戸のかたわらに隠し置いている」

という声が聞こえたため、そのとおり言ったところ、その人は驚いて帰っていったが、本当にそこにあった。その人が「不思議だ」と人々に言ったため、あれこれと人に頼まれて、占いやまじない、加持祈祷《かじきとう》などもするようになったが、ことごとく効き目があった。

その中で、富〔富くじ〕の題付《だいづけ》〔第付〕とかいうものの番号を数度言い当ててしまった。それは、来て問う人々が題付ということは言わずに、

「千番あるもののうち、一つを神社に納めようと思うが、何番がよいだろうかということを占ってください」

と言うので、占って、

「何番がよろしい」

と言ったのである。

後先合わせて二二、三人に占いを頼まれたが、一六、七人は当たりを取ったという。六、七度は当たらなかったが、そのうち五度などは、自分が教えた番札を先に別の

人が手に入れていたために外れたのだということだ。

こんなことがあって、多くの人がいろいろなことを頼みに来て煩《わずら》わしかったので、隠れて人に会わないようにしたが、それでも大勢やって来たので、寺の住職が驚いた。

「こんなことが広まれば、寅吉は若年だから、私が怪しい術を教えているように世間の人々が思うだろう。それが心配だ」

住職はそう言って、寅吉を家に帰した。

この後、一カ月ぐらいは家にいたが、一昨年の四月から、また師の教えで日蓮宗の宗源寺《そうげんじ》〔東京都台東区東上野〕という身延《みのぶ》派の寺に弟子入りして、この寺で剃《てい》髪《はつ》した。それは、その宗派で剃髪して真の弟子とならなければ見聞できない秘事が多かったからである。

山奥に置き去りにされて神道を学ぶ

さて、文政二年〔1819年〕五月二五日に師が寅吉のところにやって来て、

「寅吉、一緒に行こう」

と言われたため、母親には、

「人に誘われて伊勢神宮に参拝する」

というふうに言って、師とともにまず岩間山に行き、それから東海道を通って江ノ嶋《えのしま》〔江ノ島〕、鎌倉のあたりを見て、伊勢両宮を拝み、西の国々にある山々を見て回り、八月二五日にひとまず家に帰った。

九月になって、また師が来て、

「寅吉、一緒に行こう」

と言われたので、このときも、母親には、

「神社巡りに出る」

と言って、師とともに遠い唐土《もろこし》〔中国〕の国々にまでも飛翔して行った。そして、日本の地に帰って、東北の国々にある山々を見て回ったが、どういうことか、一一月の初めに、妙義山《みょうぎさん》〔群馬県甘楽《かんら》郡〕の山奥にある小西山中《こにしさんちゅう》という、家が少しあるが人跡の絶えたようなところに自分を置き去りにして、師はどこへともなく行ってしまった。

そこで、その土地の名主とも言うべき家を頼って、二、三日待っていたが、師は来られなかった。その家には、どこの人か、名も知らないが五〇歳ぐらいに見える老僧が来ていた。

「自分は江戸の者ですが、神道を学ぼうと思って国々を巡り、道に踏み迷って、ここに来ました」

と語ったところ、これを聞いた老僧は、

「それは殊勝な心です。それなら、私が知っている人に神道に詳しい人がいますから、その人のもとにお連れしましょう」

と言って、筑波山の社家《しゃけ》である白石丈之進《しらいしじょうのしん》という人のもとに寅吉を連れていき、

「この少年は神道に熱心とのことなので、ここにとどめてお教えください」

と頼んで去った。

丈之進という人の神道は蛭子流《ひるこ》という流れで、吉田流よりもさらに仏法を混ぜた神道で、面白くはなかったが、寅吉を子分にして名を「平馬《へいま》」と呼んで親切に教えてくれるので、「これも学ぼう」と思って、この家で年を越して、その道を聞いた。

さて、三月の初めに古呂明《ころめい》〔岩間山の師の弟〕が来て、

「師のいる山に連れていこう」

と言われたので、寅吉はとても嬉しくて、丈之進に、

「東国筋の神社巡りに出たいのです」

と暇を乞うたところ、通り手形〔関所の通行証〕に印形《いんぎょう》を押したものを授けてくれ、

「一人旅には宿を貸さない定めだから、この手形を見せて宿を請いなさい」
などと教えて送り出してくれた。その手形の文面は、次のようなものである。

差し出し申す一通の事

一このたび、私のせがれ、平馬と申す者、たしかなる者でございますから、神前で国家安全、万民繁栄の御祈禱を言いつけ、近国近林巡行に差し出しました。もし、途中で御神職の方々にお目にかかります際には私同様に待遇くださいますようお願い申し上げます。あるいは、この者がどこで行き暮れました場合でも、お心置きなく一晩お泊めくださいますよう、お願い申し上げます。以上。

文政三歳〔1820年〕三月日

御神職衆中《しゅちゅう》

村々御役人衆中

筑波六所社人《ろくしょしゃにん》〔神職〕

白石丈之進　印

と記して上包みの紙に、「白石丈之進内同平馬」と書いてくれたのだった。そして寅吉は古呂明に連れられて岩間山に行き、師に対面し、さらに種々のことを教え授けられた。

母を心配して自宅に戻る

ところで、寅吉は去年の九月からこの三月まで、七カ月ほども母親と別れていたので、

「今頃、どうしているだろう。兄ちゃんはまだ若い。お父っつあんが亡くなった後はどうやって暮らしているか」

などと思ってふさぎこんでいた。

その様子に師は目をとめて、

「お前はおっ母さんのことを思っているようだが、無事でいるから心配するな。その様子を見るがよい」

と言われた。すると、夢か現実か、山なのか家なのかも分からない状態で、母親と兄の無事な様子が確かに見えた。言葉を交わそうと思っていると、師の声が聞こえた。驚いて振り返ると、寅吉は師の前にいたのだった。

そこで師は寅吉に次のように教えた。

「今からしばらく家に帰るがよい。里に帰っても、人はただ一心こそが大事なのであるから、決して邪《よこしま》な道に踏み入ることなく、神の道の修行に専心せよ。しかし、仏道をはじめ、自分が好まない道であっても、決して人と争ってはならない。お前の前身《ぜんしん》〔前世《ぜんせ》〕は、神の道に深い因縁のある者である。わしが常について守護しているのだから、わしがこれまで教えてきたことで、世のため人のためになることは実行しなさい。ただし、適切な相手以外には、山で見聞きしたことを、みだりに明かしてはならぬ。

また、わしの実名も人に明かさず、世に言うとおり、天狗と称し、岩間山に住む一三天狗の一人で、名は『杉山組正《すぎやまそしょう》』（注29）と言い、古呂明のことを言うときは、しばらく、『白石丈之進』と称し、お前の名も、わしが授けた嘉津間《かつま》という名では名乗らず、『白石平馬』と名乗りなさい」

また、平馬の二字を花押《かおう》に作る方法を教えられ、師みずから古呂明、左司間《さしま》（馬）〔岩間山の師の弟子の一人〕とともに送ってくれたが、途中の大宝村《たいほう》〔茨城県下妻市〕の八幡宮〔大宝八幡宮〕に寅吉を参詣させ、神前におびただしく奉納された刀剣の中から選んで一振りの脇差《わきざ》しを取り、寅吉用の刀とさせた。そして空行《くうぎょう》〔空中飛行〕し、しばらくの時間で、人通りの多い大きな二王門《におうもん》〔仁王門〕のある堂の前に着いた。

ここで古呂明が寅吉に言った。

「ここからお前の家は近くだ。一人で行きなさい」

「ここはどこですか」

「浅草観世音《あさくさかんぜおん》〔浅草寺《せんそうじ》〕の前だ」

驚いて見ると、本当にそうだった。空行に伴われて、突然ここに置かれたため、どこなのか分らず当惑したのである。寅吉はここで師に別れを告げ、一人で家に帰った。三月二八日のことだった。

（注29）寅吉の師の名前。杉山僧正《そうしょう》。組正は誤記か。

【こうして家に帰った寅吉だが、母親や兄とは、うまくいかなかった。七月から、ある人の家で生活したが、「役に立たない」と言われ、八月の初めに帰されてしまう。その後、上野町の下田氏のところにいたが、寅吉のことを聞いた山崎美成が珍しがって、「私のところへ来なさい」と言ったため、母親にも告げず、九月七日から美成の家に来たのだった。寅吉が山で体験したことや自分の身の上について語ったところ、それを聞き伝えた人々が数多く寅吉のもとにやって来るようになった。そして、冒頭で述べられているとおり、一〇月一日、篤胤と屋代翁が寅吉のもとを訪れたのであった。篤胤は、もっと寅吉の話を聞きたいと願うのだが、美成は寅吉を惜しんでなかなか会わせてはくれなかった。さて、初めて寅吉が篤胤の家に来たのが一〇月一一日。その翌日、次のような出来事があった。訳者】

ワナにかかった鳥を遠くから手も触れずに助ける

私〔篤胤〕の家の又隣では、いわゆる「はご」（注30）という猟事《りょうじ》をしていて、数丈《じょう》〔約9～10m〕ある高木の枝にトリモチをつけ、媒鳥《おとり》〔囮《おとり》となる鳥〕を出して、日々、鳥を獲っていたが、私の妻の母は常に、「無益の殺生ですよ」と言って嫌っていた。

そのときも、鶲《ひよどり》が掛かったので、居合わせた者たちがそれを見て、

「また鳥が掛かったぞ」

と言っていた。寅吉はそれを耳にすると、

「今、その鳥を逃がし、飛ばして見せましょう。茶碗に水をください」

と言う。水を与えると、私の書斎の軒のあたりに立って、太刀かき〔刀で切ること〕の真似などをし、口で何やら唱えながら、茶碗の中の水を指先ではじき、吹き飛ばすしぐさをする。

私も対馬《つしま》（注31）も見ていたが、鶲は、体も羽も、多く刺してある枝にぴったりとくっついて、少しも動かない。そのうえ、私の書斎から、「はご」のところまでは三〇間〔約55m〕余りもある。私は心中で、

「いくら神童でも、あそこまでは、まじないの効力が届くとも思えない。鳥を解き放つことができなかったら、寅吉が恥をかく」

と思い、寅吉に、

「あの鳥を飛ばしたら、狩人が残念に思うだろうから、やめなさい」

と言ったが、寅吉は、ひたすらまじないを続けた。

私は人々に目配せし、それほど急《せ》き立てさせないようにし、対馬と私とは、わざと知らん顔をしていたのだが、立って見ていた者たちが、

「あっ、鳥の片羽が離れた」

と言うので、私も対馬も立って見ると、右の翼が本当に離れて、見る間に左の翼も体も離れて落ちた。だが、中ほどの小枝に多くつけられたモチにくっついてしまった。とても残念に思って見ていると、寅吉は、さらにまじないを続ける。すると、鶫は下の枝に落ち、そこに止まり、羽づくろいをして飛び去ったのである。

落ちたときの状態を見ると、トリモチは蜘蛛の糸のように引き伸ばされていた。これは、まじないの力によってトリモチの粘り気が失われ、薄くなったのだと思われる。

人々は非常に感心したが、寅吉自身は少しも珍しいと思わない様子で、

「さあ、竹を買いに行こう」
と言った。

【訳者】
【このとき、篤胤は寅吉に笛を作るための竹を買い求めに行くことになっていた。

（注30）竹串や木の枝にトリモチを塗り、囮のそばに立てて鳥を獲る方法。

（注31）五十嵐《いがらし》対馬。篤胤の門人の一人。下総国《しもうさのくに》〔千葉県北部・茨城県南西部・埼玉県東部など〕香取《かとり》郡諏訪神社の神主。

【寅吉は、ほかにも、篤胤たちにさまざまなことをしてみせたが、この一〇月、修行のためにまた山へ入ることになる。篤胤は、「寅吉が山にし入らば幽世《かくりよ》の／知らえぬ道を誰れにか問はむ」と、はなむけの歌を詠む。そして、寅吉の師・岩間山の杉山山人《さんじん》〔杉山僧正〕に宛てて手紙を書いて託すのだった。だが寅吉は、一一月に再び山から帰ってきた。その後、寅吉は篤胤のもとで暮らすようになり、評判の天狗少年として、さまざまな人と会い、自己の不思議な体験について語るのであった。訳者】

③寅吉の異界見聞Ⅰ——山人たちの生活

【次は、平田篤胤や彼の門下の人々の質問に対して、寅吉が折に触れて答えた内容である。訳者】

山人とは何なのか

臼井玄仲《うすいげんちゅう》（注32）　私は信濃《しなの》〔長野県〕の生まれだが、筑摩郡小見宿《ちくまぐんおみ》の神明宮《しんめいぐう》〔長野県東筑摩郡麻績《おみ》村〕の神主、寺田何某《なにがし》という人の甥で喜惣治《きそうじ》という者がいる。私も知っている者だが、一六、七歳のときに、ふと家を出てから帰らず、どんなに尋ねても行方が分からなかった。ところが、それから七年を過ぎたある日、衣服も何も家を出たときのままで帰ってきたのだ。みな怪しんで、「いったい、どこにいたのか」と問うと、「今は真田《さなだ》領の日知山《ひじりやま》（注33）にいる山人・大姥権現《おおうばごんげん》様の使者となった。一度は実家に帰るのがしきたりだから、しばしの間、帰ったのだ」と言う。異界のことを問うても言わず、引き止めても止まらず、即時に立ち去ってしまった。これは今から一五年前のことだ。山人とはどのようなものなのか。

寅吉　山人には種々の区別がありますが、まずは俗に言う「天狗」のことと考えてよろしいでしょう。

（注32）医者。玄中、伊信《これのぶ》とも。

（注33）信濃国聖山《ひじりやま》のことか。聖山大権現を祭り、修験道場として知られる。現・長野県聖山。

異界に今もいるという、歴史上の人物

篤胤　以前聞いた話だが、江戸浜町《はまちょう》〔東京都中央区日本橋〕にいる、ある人の下僕が、異人に誘われて二年ほども帰らなかったが、帰ってきてから、「源為朝《みなもとのためとも》や義経《よしつね》などに会った」と語ったという。お前はこのような人々、またはほかにも古い時代の人々に会わなかったか。

寅吉　私はそんな古い時代の人々に会ったことはありません。でも、師の話では、義経などは今でもいるということです。

「山人」と「仙人《せんにん》」の違い

篤胤　「仙人《せんにん》」と「山人」とは違うのか。日本にも役行者《えんのぎょうじゃ》などは、まさに山人で、仙人として知られ、また昔は楊勝《ようしょう》仙人、久米《くめの》仙人などという類が多く存在していたが、今も仙人と称する者はいないか。

寅吉　唐《から》〔中国〕の者を「仙人」といい、日本の者を「山人」と言うのです。同じようなものですが、日本では仙人とは言いません。楊勝仙人、久米仙人などが昔はいたのかもしれませんが、私は聞いたことがありません。役行者は、今はこの国にいないと聞き及んでいます。

山人は唐へも行き、仙人もこちらに来るということで、「双岳《そうがく》」〔杉山僧正の号〕や「古呂明」も、唐にいたときの名です。彼らにはほかになお実名があるのです。

篤胤　唐土《もろこし》にいる仙人というものは、こちらへも来ることがあるか。お前は見たことはないか。

寅吉　我が師などは、唐へも、どこの国へも行くことがありますから、唐土の仙人が、この国へ来ることもあるでしょう。

どこの国か知りませんが、師に連れられて、大空を翔《か》けていたとき、いくらか下の空を、手ぬぐいか何かをたたんで頭に載せたようにしている老人が、鶴に乗って歌を吟《ぎん》じて通るのを見ました。その歌は符字のようなものです。これが仙人だったとのことです。このほかには見たことがありません。

山人たちの生活

篤胤　（山人の）杖は神代《かみよ》から、いわれがある物だ。神にも奉納し、古い神楽の歌にも、「此の杖は我がにはあらず山人の／千歳《ちとせ》を祈り切れる御杖ぞ」ともあるから、山人も杖を尊い物として、祝詞《のりと》をあげながら切るのではないかと思うのだが、杖は用いないのか。

寅吉　杖は朴《ほお》の木で、棒のように太く作ります。竹の杖もあります。けれども、杖を力にして歩行するというのではありません。杖を切るときに祝詞をあげるかどうかは知りません。

篤胤　山人たちは、ほら貝を吹くことはないか。

寅吉　異界では用いることはありません。しかし、山伏が貝を吹くことは、魑魅《ちみ》、妖魔《ようま》を取り除くわざで、上代《じょうだい》からの習いだということは聞いています。

篤胤　碁、将棋、双六《すごろく》などの遊びはないか。また、若い山人などがする珍しい遊びはないか。

寅吉　碁を打つことは時折ありますけれど、将棋をさすことはなく、双六もありません。碁石を木でも作ります。遊びはいろいろあるなかに、「土投げ」といって、大勢が東西に分かれて互いに泥を丸めて山のように積んでおき、負けず劣らずと投げつけ合い、顔も体も泥まみれになったほうを負けとします。

また、「薪《たきぎ》投げ」といって、杣人《そまびと》〔きこり〕が山で切りおいた薪を取って互いに投げ合います。上手同士だと空中で木片同士が打ち当たって落ちるのです。これも、ひるんで逃げたほうを負けとします。

篤胤　山人天狗なども、夜になると寝るのか。

寅吉　普通の人と同じように寝ます。私たちは言うまでもありません。

篤胤　師が寝られるときは、寝具を使われるのか、それとも、そのままで寝られるのか。

寅吉　夜着も布団も枕もあって、ゆっくりと一〇日も二〇日も、高いびきでお休みになります。

篤胤　山人も夢を見ることがあるだろうか。

寅吉　我が師などは、どうであるか知りません。私たちが夢を見ることは、こちらにいるときと同じです。

篤胤　山人天狗などは、夜にも目が見えるものなのか。

寅吉　見えます。私たちであっても師の徳によって見えることがあります。

篤胤　師が食事なさるときに、お前たちは給仕をするのか。
寅吉　誰も給仕することなく、師みずから、礼を厳にして、飯でも何でも盛って召し上がります。

山人の武術と武器

篤胤　昔、源義経が、幼くて牛若丸《うしわかまる》と呼ばれていたときに、山城国《やましろのくに》〔京都府〕鞍馬山《くらまやま》にいたが、その山に住む僧正坊《そうじょうぼう》という異人に武術の奥義を習い受けたということが、古い書物に見える。山人も武術を習うものなのか。
寅吉　我が部の武術稽古場は加波山《かばさん》にあって、主として習うのは剣術、次に棒の稽古です。また、石打ちの稽古もあります。
篤胤　甲冑《かっちゅう》の製作はどうか。革具足《ぐそく》か竹具足ではないか。
寅吉　甲冑は、こちらのものと違いはないと感じました。保呂《ほろ》（注34）をも背負うことがあります。

篤胤　鉄砲はないか。

寅吉　鉄砲もあります。しかし、火を用いない鉄砲で、一〇〇匁《もんめ》〔375g〕の鉄玉を三里〔約12㎞〕撃ち放つ鉄砲です。音は、それほど高くはありません。

（注34）流れ矢を防ぐため、鎧の背につける幅広の布。

山人の学問と文学

篤胤　杉山山人のもとに、儒教書、仏教経典なども貯《たくわ》えてあるのか。

寅吉　儒教書、仏教の経典などは、暗に知ってはいますが、その書物は一部もなく、ただ、師の自筆の書物は多くありました。

篤胤　師の自筆の書物には、どんなことが書いてあるのか。
寅吉　天文、地理のこと、または種々の法についての書物などです。これらの書物も、いろいろと写してきましたが、実家でみな焼き捨てられてしまいました。
篤胤　師が自筆の本を講釈なさることはないのか。
寅吉　時々、講釈なさいますが、多くは白老人《はく》の物語です。また、問う人がいれば、天文や軍学のことなど、その他何でも語り聞かせます。
篤胤　その話はどういう物語か。
寅吉　白老人という人がいて、千身行者《せんしんぎょうじゃ》という者を供に連れて、諸国山々を行き、世に仇《あだ》をなす妖魔を退治して巡る話です。千身行者は眉間《みけん》から針を出して、これを大きくも小さくも取り扱い、また自分の身を千身にも分身して、魔どもを退治するという長い物語です。
篤胤　それは白老人ではあるまい。玄奘三蔵《げんじょうさんぞう》だろう。千身行者というのも、孫悟《そんご》空《くう》の聞き違いではないか。

寅吉　それは『西遊記《さいゆうき》』のことをおっしゃっているのでしょうが、そうではありません。『西遊記』は、山で講釈をすべて残らず聞きましたが、一二、三日で聞き終わる話で、天竺《てんじく》のお経を取りに行く、面白くない物語です。

白老人の物語は、始めは毘那耶女《びなやめ》という女がいて、世に妖魔が多く、害をなすことを嘆き、天神地祇《てんじんちぎ》に「魔を退治すべき宝の男子をお授けください」と祈り、身ごもったところから始まります。六〇年余り、お腹にいて、白髪で生まれてきたため、白老人と名付けられたのですが、大器量の人物で、数多くの手下がいました。その中に、千身行者という者がいて、熊王《くまおう》が仮に人の姿となって白老人を助けていたのです。種々の術計《じゅっけい》を用いて日本中の妖魔を退治し終わり、後にはみな星となって天上に飛び上がってしまうという物語です。

その話の中に、年中行事や、天地のあらゆることの道理、鬼神《きしん》の霊妙な働き、万物の変化をも理解できるように作ってある物語なのですが、二〇日余りで聞き終わるものです。本は二〇巻以上もあるでしょう。面白さは『西遊記』とは比較になりません。一席聞いては続きが気になり、面白くてたまらない話なのです。けれど、今は、話の前後を誤って覚えており、人々の名や場所の名、妖魔どもの名もすべて忘れたため、語ることはできません。

棄《す》てられた金銀を拾って使う山人たち

篤胤　遠江国《とおとうみのくに》〔静岡県〕で異人に誘われた者が帰ってきて語ったことだが、異界にも金銀銭がともにある。小判〔1両〕、小粒《こつぶ》〔1分金〕、南鐐《なんりょう》〔2朱銀〕も不自由せず使うので、「どうなっているのか」と聞いたところ、異人は、すぐに一個の白玉を出して、その者の目に当てさせ、海中や陸地に人知れず棄《す》てられた通用金銀が多数あるのを見せ、「これはすべて人知れず棄てられているのだから、拾って再び世の中に流通させることが、我らの任務だ」と言ったという。そういうことはなかったか。

寅吉　そういうことは見ませんでしたが、思い当たることがあります。この世に通用する金銀が、向こうにもありました。通用の金が多く入用のときは、たちまちどこかに行って持ち帰るのを折々に見ました。きっと海や陸に棄てられた金を拾ってきたのでしょう。

寅吉の師・杉山山人について

ある日、田河利器《たがわりき》（注35）など数人が来て、寅吉に尋ねた。

田河利器　寅吉、お前がここに来ていては、山ではさぞかし師が不自由に思われているだろう。

寅吉　師は人が大勢必要なときは、何人にでも分身されるため、私一人がいなくても不自由なことはありません。

田河利器　どうやって分身されるのか。

寅吉　分身されるには、いつも下唇の下にある髭を抜いて、思うところに置き、呪文を唱えると、何人でも師と同じようなものができるのです。その呪文は何と言っているかは知りません。

田河利器　服の前合わせは、世間でするように、左を上に合わされるか。または、右を上に合わされるか。

寅吉　いつもは世間の人のように、左を上に合わされますが、神事のときは必ず右を上に合わされます。

倉橋勝尚《かつひさ》〔与四郎《よしろう》〕（注19参照）　異人に誘われたある人の話で、鷲《わし》や河童《かっぱ》などに取られる人は、「何か取られる因縁がある」ということを聞いた。そういう説は聞いていないか。

寅吉　鷲や河童などに取られる人は、両方の肩に、青く光って丸い玉のように動くものがあります。これが体内に長くあると、悪病を生ずると聞いています。

国友能当《くにともよしまさ》（注36）　ある人が、「異界には種々の武器や武術などがあるということから考えると、山人は武備をも発展させておられることと思われる。海辺に杉山山人の宮を設けて、異国襲来への守護神として祭ったらどうだろうか」と言っていた。これについてはどうか。

寅吉　異界では、人間が祈るかどうかにかかわらず、世間を守護するために、外国などからの侵犯があるときにそれを撃退する防備として、武器や武術、軍法までも研究してあります。しかし、師は今まで世に名を知らせていません。

私が下山したときも、「適切な人に対してでなければ、わしの居どころや実名をむやみに言うことなかれ」と、かたく戒められたので、祈り祭るということも、私からは何とも言うことができません。

また、寅吉によると、師はこのように説いたという。

「人は誰でも、『吾《われ》より古《いにしえ》をなす〔古いしきたりなどにとらわれず、自分が新たな前例となるつもりで物事をはじめる〕』気持ちになって、細工なり何なりを考えて、作り出すがよい。誰それはこういうことができたが、それはその人だけのことだと思うのは、よろしくない。自分も工夫してそのとおりやろうとすれば、できないことはないのだ」

（注35）篤胤の門人の一人。権六、源三。板倉周防守藩中。

（注36）1778－1840。篤胤の門人の一人。江戸後期の技術者、鉄砲鍛冶師、発明家。

神や山人の姿が時に見えるのはなぜか

屋代輪池翁（注25参照）去年のことだが、淡路国《あわじのくに》〔兵庫県淡路島〕の鴈金屋《なりがねや》何某《なにがし》という、以前から金毘羅《こんぴら》を信仰していた者が、いくらかのお金を懐《ふところ》に入れて、男たち五、六人と舟に乗って、大坂に渡ろうと漕《こ》ぎ出した。男たちは舟の中で主人を殺して、金を奪おうとたくらみ、主人を縛り上げて、碇《いかり》をつけて海に沈めてしまった。

ところが、主人は沈められたと同時に、自分の家の奥間に、碇をつけられたままの姿で帰されていた。家内《やうち》の者がこれを見て大いに驚き、わけを尋ねると、主人は非常に動転した様子で、「ここはどこか」と言う。

家内の者たちは「ここはお家です。落ち着いてください」と、いろいろと介抱したところ、しばらくして主人は落ち着きを取り戻し、事情を語ったのだが、「海に沈められたとき、一心に金毘羅を祈念していた。その後のことは分からない。まさに、金毘羅の神が救ってくださったのだ」と、感涙にむせんだ。

このことを訴えたところ、例の男たちはみな捕らえられたが、奪われたお金は少しも失われずにあったとのことだ。この者は、どうやって家に帰りついたと思うか。

寅吉　それは神の恵みで、沈められたときに、舟を海水とともに大空に引き上げて、主人は家に帰し、舟はもとのように海にお返しになったのでしょう。神の仕業には、そういうこともあるものです。

屋代輪池翁　常に身を隠している神や山人、その他の何者でも、時として凡人の目にも見えることがあるのは、どういうわけなのだろう。

寅吉　それは神々であれ、山人であれ、何者であれ、その人に形を見せようと思って見せるのです。だから、たくさんの人が居並んでいても、その中の一人だけに見えるなどということがあります。私が山にいるときも、我が師が「許す」と言うと見え、「下がれ」と言うと見えませんでした。

④ 寅吉の異界見聞Ⅱ——山人修行と異国見聞

捨てられて恐ろしい目に遭う

篤胤　寅吉は、何か危険で恐ろしい目に遭ったことはないか。
寅吉　危険で恐ろしかったのは、あるとき、どこかは知りませんが、二〇丈〈約60ｍ〉もあるように見える岩山のそびえた峰の上から、二丈〈約６ｍ〉ほど下に、舌を出したような形の滑らかな岩が二尺〈約60㎝〉ぐらい差し出ていました。
師は私を暮れ頃に連れていき、その岩の上に置き去りにして帰ろうとするのです。置いていかれまいと泣き叫んでしがみついたけれど、引きはがして捨てていかれたので、仕方なく、岩に取りついて下を見ると、岩石が植え込んだように立っていました。体中がびくびくと震えて目がくらみ、身を動かせば、落ちて粉みじんになってしまいます。

「そんな苦しい目に遭うぐらいなら、いっそのこと、わざと落ちて死のうか」

とも思ったのですが、

「いつまでも放っておかれることはあるまい。何かわけがあるのだろう。明日の昼まで待って、迎えに来ないなら、そのときにはどうにでもなってやろう」

と心を据え、取りついた手を離さず、目を閉じて夜通し伊勢大神宮を祈念していましたが、夜が明けると、連れて帰ってもらえました。このときほど危うく、恐ろしかったことはありません。

また、あるときは日光の奥山に捨てられたのですが、狼に追われて、命からがら逃げて木に登りました。しきりに九字《くじ》、十字《じゅうじ》を切った〔いずれも護身の秘呪《ひじゅ》〕のですが、狼は少しも恐れず退きません。牙をむき出し、木の根元に来て私をにらみ、夜通し木の根を掘っていたので、「しまいには掘り抜かれてしまう」と、気が気でなかったけれど、掘り終わらないうちに夜が明け、狼は去りました。

このときも、本当に危なかったです。折々、このように捨てられたから、困ったことがたびたびありました。

押し込み強盗を撃退する

篤胤　その後は捨てられたこともなかったか。

寅吉　この後もなお、たびたび捨てられました。あるとき、妙義山の奥にある、小西山中といって、米がなく芋ばかり食べるところに捨てられましたが、そのあたりの田舎で、家数がたいそう少なく、まばらなところに迷い出ました。その中でも大家と見えるところに入って、一晩泊めてもらいたいと頼んだのですが、それなりの資産家と見えて、男女が一四、五人もいました。私をかたわらの一間に寝させて、次の間には亭主をはじめ家内の者たちが休み、台所には男たちが寝ました。

さて、夜が更けると、押し込み強盗と思われる、抜刀した恐ろしげな男どもが六、七人入ってきたのです。庭のかまどの前に火を燃やし、長火箸を二本わたして、茶碗を四つ五つ、その上に置いて赤く焼き、ささやき合って、今にも盗みを働こうとするのです。

家内の者たちは、よく寝入って気付く者がいません。そこでたまりかねて、そっと起きて抜き足して、亭主が寝ている枕元に行って、耳に口を寄せ、気合を込めて、「盗人が入りました。起きてください」と三声ばかり言ったところ、亭主は、むっくりと跳ね起きて、盗人どもを見つけ、大音声《だいおんじょう》を上げて、「男ども起きろ。盗人が入ったぞ」と叫んだので、家内の者たちが一度にどっと目を覚ましました。それで、かなわないと思ったのでしょう、盗人どもはみな逃げ去りました。

亭主は喜んで私を褒め、手厚くもてなしてくれました。こうして、門口に出てみると、五カ所ぐらいに大便をして、草履《ぞうり》を上に伏せてありました。

のちに、このことを師に尋ねたところ、

「それは盗人が盗みに入ろうとする際に、人を目覚めさせない邪法なのだ。入って火を燃やし、茶碗を焼いたのは、いよいよ家内を探そうとするときに、またそれ（茶碗）に大便をして煮立てると、その不浄の臭気が家内に満ち汚れて、守護の神々がすべていなくなるため、家内の者が目覚めることがない。その間に物を取ろうとする方法だ。すべての神は穢《けが》れを嫌って去ってしまわれるので、この旨を世の人々によく示したいものだな」

と言われました。

このように、時々、ところどころに寅吉が捨てられた話をしていたときに、私は、かたわらの門人たちに向かって、

「これは、俗にも、『愛《いと》しき子には旅をさせよ』と言うように、師には思うところがあって、寅吉の才量のほどを試し、また、『いろいろな人がいるのだ』ということを見せるために、寅吉を捨てたのだろう。人の師となり親となってからは、子

のほうは気付かないが、わざと辛い目に遭わせるなどの心づかいをするものなのだ。これも、子や弟子を見定める一法であって、神代に須佐之男大神《すさのおのおおかみ》が大国主神《おおくにぬしのかみ》に、さまざまな辛い目を見させたのも、この心づかいなのだ。思うに、師はわざと非情に捨てながらも、身を隠してずっと付き添い、見定めていたのだろう」

と言うと、それを聞いていた寅吉は、

「そのように言われてみますと、今思い出せば、捨てられたあるときは、空行のときだったのですが、履物も履《は》いていないのに、足には少しも土がつかず、土より二寸〔約6㎝〕ほど上を歩く心地でした。そのときは、『ひどく不思議だ』とは思いましたが、むしろ捨てられたことばかりが悲しく恨めしかったのです。しかし、(平田先生の)お考えに照らして思うと、師はわざと捨てつつも、影身に添って守護してくれていたことを今思い知りました」

寅吉は涙ぐみ、恩師のありがたさを感じていた。

異国の言葉や鳥獣の心も理解できる師

篤胤　師が時々、未開の国々まで回っていかれるのは、何の用事があってのことか。

寅吉　何の用事があるのか知りません。

篤胤　師は未開の国々の人と会って、応対することがあるか。

寅吉　どこの国に行っても、その国々の人物となり、その国々の言葉を使って応対されます。すべて、言葉の異なる国でも、その音声の色を考えれば理解できるということです。それは、人の声だけでなく、鳥獣の鳴き声からもその心が分かり、虫のさえずりからもその感情が分かるということなのです。

女性だけで子孫をつくる国

篤胤　「女嶋《おんなしま》」は、ここからどちらの方角にある国で、その国のありさまはどうであるか。
寅吉　女嶋は日本から海上四〇〇里〔約1600㎞〕ほど東方にあります。家は作りません。山の横腹に穴を掘り、入り口を狭く、中を広く設け、入り口のところにわずかに木を渡して昆布を葺《ふ》いて雨を防ぐのです。

女たちは日本の女と変わることはなく、髪は、くるくると巻いて束ねています。衣服は、「海はばき」のようなもので、海にあるものを採って筒袖《つつそで》のように組み織ったのを着ています。着物のまま海に入って魚を獲り、昆布を採って食べます。海から上がって身を振るうと、着物の水はすべて散り落ちるのです。これは、火にはそれほど傷《いた》まないものだそうです。

この国の昆布は茎の太さが人の股《もも》ほどもありますが、それを二つに裂くと、中にぬらぬらとした水があり、それを採って煎じつめて、わらび餅のようにして食べることもあります。

さて、女ばかりの国であるため、男を欲しがり、もし漂着する男があると、みんなが打ち寄って食うとのことです。懐妊するには、笹葉を束ねたものを各人が手に持って西のほうに向かって拝し、女同士互いに夫婦のように抱き合って孕《はら》むといいます。ただし、たいてい、その時期は定まっているとのことです。この国に一〇日ほども隠れて様子を見ていました。

誰もが犬の毛皮をかぶって暮らす国

篤胤　このほかに珍しい国に行ったことはないか。

寅吉　知らない国々へも多く行きましたが、見物ではなく、ただ師が用事を済ませに行かれるときについていったのです。その国々に着いても、人の住んでいない野山、または海川などで用を済まされることが多いので、その国の様子までは分からないことが多く、今思うと夢を見たような気分のことが多いです。

ただ、その中で珍しく思った国があります。ここには一〇日余りもいられたので、少しは覚えています。

その国では男女ともに顔は普通の人とそれほど違いません。言語は分からないのですが、「きゃんきゃん」と言って、犬の声に似ています。家ごとに犬を多く飼っていて常食とし、服には生きた犬の腹を裂いて、その生皮をまる剝《は》ぎにして、その四足のところへ手足を入れて、腹の裂いたところを縫い合わせて着ながら干し、髪をかぶっています。国中の者がそのようにしているため、犬が立って歩いているように見えました。

白犬や赤犬などをそれぞれ多く養って、「赤犬の皮着物《かわきもの》を何枚、白犬の皮着物を何枚持っている」などというふうに、多く持っている人を財産家とします。その首領にも犬を貢物とするのですが、首領といっても、犬の皮着物を着ています。

また、「犬の大きさだが、犬ではなく、馬のようにも見える獣」を養っておいて、魚や鳥などを獲らせます。この国の人は、海に落ちても死ぬことはなく、生きながらに海中のものに変わるというのです。

多く見た国々の中で、この国ほど汚らわしく思った国はありません。けれど、国の名も知らず、ここからどの方角に当たるということも分からないので、書きとめるのは、やめていただきたいと思います。

篤胤　師に連れられていった国々で、象、虎、獅子などの類で、何かこの国にいない獣を見たことはないか。

寅吉　象も虎も見たことはありません。獅子を見ましたが、こちらで絵に描くようなものではありませんでした。むく犬を大きくしたような、ひどく汚いものでした。その国は天竺《てんじく》という国に近いところだそうです。

鉄を食べる不思議な生き物

篤胤　以前、人々といろいろな話をしていた折に、中村乗高《のりたか》（注37）が集めた奇談の書物に、「鉄を食う病をわずらった女」のことが書いてあるというのを聞いたのだが。

寅吉　鉄が出る山に生じる奇妙な生物があります。最初は山蟻《やまあり》の大きさで、虫というべきものですが、鉄ばかりを食うのです。小さいときは鉄砂《てっさ》を食い、大きくなるにしたがって釘、針、火箸と、鉄でできたものを何でも食って育つ生物です。図〔下図〕のような形をしており、毛は針金のようです。師がこれを飼育して試みられたところ、大量の鉄を食い、馬ほどの大きさになり、身から自然に火が出て焼け死んだということです。名は何と言うのか知りません。これを「麒麟《きりん》だ」という人もいるけれど、どうでしょうか。

ところで、これについて思い出したことがあります。猿は長い年月を過ごすと、ものすごく大きくなって立って歩き、頭に長い毛を生やし、目はことのほか光り、自在の術を得て、数千年を経ると、身から火を出して、

『仙境異聞』に描かれている
「鉄を食べる生物」

今までの身体はすべて焼けるといいます。すると、その体内から、人と少しも変わりなく毛もない身体が出てきますが、時々、また猿の身体になって群猿と一緒にいるのです。師は、「このような変化も見ておけ」と、焼けた体内から人形《ひとがた》をして生まれ出たものを見せられました。これを、「もぬけ」というのです。

（注37）篤胤の門人の一人。中村規最か。藤原規最、保次郎。武蔵の人。

長生きする人の特徴

私が常に著述で多忙なうえに、来客も多く、日々、「日も年も短いものだ」と常に言うのを寅吉が聞いていた。すると寅吉は、

「それは、たいへん良いことで、長命の相です。それというのは、わが師の言葉

によると、『わしは二年を過ごすのに常人の一日を送るぐらいに短く感じる。それはわしの寿命が長いからだ。虫や鳥は命が短く、なかでも蜉蝣《かげろう》などという虫は、朝に生じて夕に死ぬけれども、命が短いとは思わない。これは短命に定まっているためだ。長命で世に功を立てる人ほど、年月を短く感じるものだ。これは事の成就するしるしである。たとえ五〇歳で死んだとしても、それはその人は知らないが、四〇ぐらいで死ぬはずのところを、持ち前よりは生き延びたのだ。何であれ、世に功を立てるのが、命を延ばす法だ』ということです」

と言う。この説は、まことにもっともなことだ。

仙境に行って碁を見ていた樵夫《きこり》が、多年を一日のように思ったのは、命の長い仙境にいたからである。かの槐安国《かいあんこく》（注38）に行った人が、一時を多年のように思ったのは、命の短い虫の国にいたからである。

この道理をよく考えると、「命の長い人ほど年月を短く思う」というのは、確かにそうなのだろう。

また、私は幼いときから肉が少なく、他の人が肥え太っているのがうらやましくて、肉がつく食べ物などを、できるかぎり食べるが、少しもその効果がないのを常に嘆いていた。それを聞いた寅吉はこう言った。

「『肉が少ないほうが身も軽く、思慮が神明《しんめい》に通じ、長生きする相である』と、師は常に言われていて、肉がつかないような食物を準備して用いておられました。もし、肉が増えたかと思うときは、痩せる薬を飲み、酢を飲まれることもありました。だから、肉が少ないことをお嘆きになってはいけません」

（注38）唐代の小説に描かれた国。主人公が槐の木の下で寝ている間に訪れた国で、そこで太守となり栄華を極めるが、実は木の根に巣食った蟻の国だった。

⑤寅吉の異界見聞Ⅲ——宇宙の冒険

空中飛行はどのようなものか

篤胤　師に連れられていくときは、大空だけを行くのか、地をも行くのか。

寅吉　地を歩いていくこともありますが、遠くへ行くには、大空を翔けていきます。

篤胤　大空を行くときは足で歩くのか。または、矢のようにさっと行くのか。それとも絵に描《か》いたように、雲に乗っていくのか。その心持ちはどうか。

寅吉　大空に昇っていくと、雲か何か知らないが、綿《わた》を踏んでいるような心持ちで、矢よりも速く、風に吹き送られるように行くため、私らはただ、耳が「グン」と鳴るのを感じるだけです。

上空を通る者もいます。また下空を通る者もいます。たとえば、魚が水中に遊んで、上にも泳ぎ、底にも中にも、上下になって泳ぐようなものです。

篤胤　大空に飛び上がるときに、高山の峰か、または高木の梢《こずえ》などから昇るのか。

寅吉　自由自在です。何のこともなく飛び上がります。

篤胤　大空は寒いところを通るのか、熱いところを通るのか。

寅吉　まず、大地から昇っていくと、だんだんに寒くなりますが、寒いところの極みを通り抜けると、思いのほか熱いものです。多くは寒いところと熱いところの間を通るから、腰より下は水に入ったように寒く、腰から上は焼けるように熱いのです。

また、そこをもっと昇って、熱いところばかりを通ることも多いので、髪は縮れて螺髪《らほつ》のようになります。また、寒いところばかりを通ることもあります。非常に高く昇ると、雨が降ったり風が吹いたりすることもなく、天気はたいへん穏やかなものです。

空中飛行を補助する器具

篤胤　元文《げんぶん》年中〔1736〜1740年〕のことだが、比叡山で御修理があったときに、木内兵左衛門《きのうちへいざえもん》といって、神隠しに遭った人がいた。その人が帰った後に語ったことだが、「自分を連れていった異人は、丸い盆のようなもので、上のほうに柄がついた物を出して、自分〔兵左衛門〕を乗せ、肩に両手をかけて押しつけたように感じたが、そのまま地面を離れ、大空に高く昇った」というのだ。お前の師は自在の身だから、大空を行くことはあるだろうが、未熟なお前などが大空へ高く上がれるとは思えない。もしかして、兵左衛門が乗った盆のようなものを用いて連れていかれたのではないか。

寅吉　一度もそんな器具を用いたことはありません。おっしゃるとおり、私は自在でも何でもない。未熟です。だが、師にどんな術があるのか、師に従いさえすれば、進むも退くも空行が自由になります。たとえば、雁《がん》や鴨《かも》など、一羽が飛び上がると、他の群鳥がその後に続いて飛び上がるように、私も師についていけばどこまでも行けるのです。

怪鳥、雷獣《らいじゅう》、竜の正体とは

篤胤　「(寅吉が)大空を飛行したときに迦陵頻伽鳥《かりょうびんがちょう》(注28参照)を見たということを語った」と聞いた。その形状はどうだったか。

寅吉　あのときは、「何という鳥か知りませんが、遠い未開の国で、翼に手がある白い大鳥がいて、その鳴き声を聞くと、簫《しょう》〔笛の一種〕に似ていました」と語ったのですが、例の仏教好きな人が「それは人面ではなかったか」と問うたため、「そうではありません」と答えたのです。ところが、その人が、「それは間違いなく頻伽鳥だ」と言って、強いて名を付けて、「寅吉は頻伽鳥を見たそうだ」と人々に語ったために、『平児代答《へいじだいとう》』（注39）に誤ってその名で記されたのです。

総じて、こういうことから間違いというものが生じるのです。見た本人でさえ、「何という鳥か分からない」と言ったのに、見もしない人が、名が分からないものに名を付けるというのはよくないことです。

篤胤　雷獣《らいじゅう》といって、雷が鳴るときに雲の中を駆け、雷とともに落ちる獣がある。これを知っているか。

寅吉　その獣は日光、大山《おおやま》、筑波山その他の山に住んでいて、毛色も虎毛のもあり、狢《むじな》のようなのもあり、黒いのもあり、また稀《まれ》には白いものがいます。獰猛《どうもう》な獣ですが、どういうわけか炎天の雲を好み、雷鳴が鳴るのに乗じて雲の中を飛行し、雷が降る勢いに飛びそこなうのか、雷とともに落ちるのです。

高みに昇ってみると、雲も雷も下に見えるため、雷の鳴る様子、また、雷獣の飛行する様子も見えて、面白いものです。白い雷獣が落ちたところに、雷屎《かみなりくそ》というのがあります。これが何であるかは知りません。

篤胤　竜は見たことがあるか。

寅吉　通り物〔人魂《ひとだま》、鬼火《おにび》、流星の類〕などと呼ばれるほどの大竜の正体を、そのまま見たことはありません。濃い黒雲の長くなった形状で、火が燃え出すなどして、太い尾を下げたような形のものを、たびたび見たことはあります。これも高いところから見たのですが、世には「竜は天に昇る」というが、雲のない大空まで昇ったのを見たことはありません。

ところで、異界にいたとき、危ない目に遭ったことがあります。とある川端で小石を拾って遊んでいたのですが、蝮《まむし》よりは小さくて腹の赤い小蛇が、どこから来て、私の指をなめました。

「何だろう、変だな」と、しばらく見ていたら、しだいに私を呑み込んで川に引き込もうとするのです。憎くなって頭をつかまえ、両手でその口を引き裂いて、川に投げ入れました。すると、急に逆波が立って水を巻き上げ、雨を降らして恐ろしい状態になったため、足早に逃げ帰り、このことを話したところ、人々は「それは竜だ」と言っていました。

また、どこか知らない遠い未開の国に行ったとき、田や谷間などに、大きいのは二尺〔約60㎝〕ほど、小さいのはトカゲぐらいで、角はないが、絵に描いた竜のような生物がいました。ちょろちょろと這っているのが多くいたのですが、何かを探しているようで、前足で土をかき散らすようにしていました。そこから豆粒ほどの白い玉のような物が出てきたのです。その物が割れて霧となり、急に暗くなったので、気味が悪くて、そこを立ち去りました。これは何というものか知りません。

〔注39〕山崎美成〔注26参照〕の著書で、美成が寅吉を取材した記録。

地球は丸く、陸より海が多いと分かる

篤胤　寅吉は「須弥山《しゅみせん》」（注40）を見たことがあるか。

寅吉　須弥山という山があると書物に記されていますが、実際はないのであって、「おおかた、この国土から天にかけてを、仮に言ったものであろう」というのが師の説です。確かにそうだろうと思うことがあります。八万由旬《ゆじゅん》の高さといえば、山裾の部分は一倍も二倍もなくてはならない道理ですから、頂上は見えなくても、ふもとが見えないことはないはずです。ところが、師に連れられて星が群れをなす大空にも昇って見ましたが、どこまで行っても見えません。「我が師にまでも見えないのだから、須弥山というものはないのだ。誰かがいいかげんに言ったことなのだ」と確信しました。

それについて、以前から思っていたことですが、この大地は丸いものだろうと思われます。その理由は、西へ西へと行くと東に来るからです。また、大地ができ

たはじめというのは、丸く潮の固まったようなものだったところに、国々ができたのではないかと思われます。その理由は、大空に昇って見ると、国土よりは海が多くあり、また、高山の峰などに、蠣殻《かきがら》をはじめ貝殻がいくらでもあるからです。大地は丸いものだと確信していますが、海川の水があふれず、また、丸いものの周りに陸があって人が住んでいるのはなぜか、その道理は分からないのです。

このように言うので、私は、

「大地は丸いものだから『地球』とも言う。地球の『球』の字は『マリ』と訓《よ》む字で、地球は、大空に球を突き上げたようなものだ。それなのに海川の水があふれず、周りに人が住んでいる道理はこのようなものだ」

と、かねて『古史伝《こしでん》』（注41）に記しておいた考えを読み聞かせたところ、寅吉はひどく喜んだ。

（注40）昔の宇宙観で、世界の中央にそびえているという山。高さは四〇里（160km）を一由旬《ゆじゅん》（ヨジャーナ）として八万由旬。

（注41）篤胤の自著。全三七巻。生前に二八巻刊行。門人の筆により全巻の刊行は明治四四年（1911年）。自著『古史成文』を自身が解釈したもの。

「月には穴が開いていた」――地球脱出体験

篤胤　大空からこの国土を見た様子はどうか。

寅吉　少し飛び上がって見ると、海川、野山、人の行き交う様子まで見えて、たいへん広大で、丸く見えますが、しだいに昇って見ると、だんだんに海川、野山の形状も見えず、むらむらとうす青く網目を引き延ばしたように見えます。さらに昇るにつれてだんだん小さくなって、星のあるあたりまで昇って国土を見ると、光って月よりはよほど大きく見えるものです。

篤胤　星のあるところまで行ったときには、月の形状をも見たか。

寅吉　月の様子は、近くに寄るほど、だんだん大きくなり、寒気が身を刺すように厳しくて、近寄りがたく思ったのですが、強いて二町〔約220m〕ほどに見えるところまで行ってみると、また思いのほか暖かなものでした。まず光って見えるところは国土の海のようで、泥が混じっているように見えます。俗に〝兎《うさぎ》が餅を搗《つ》いている〟というところには、二つ三つ穴があいていました。しかし、はるかに離れて見たため、正確には知りません。

篤胤　月の光るところは、陸地の海のようだということは、西洋人の考えた説もあって、もっともなことに思えるが、〝兎が餅を搗いている〟ように見えるところに穴があいているということは理解しがたい。そこは、この国土の山岳のように解釈されるが。

寅吉　（笑って）あなたの説は、書物に書かれたことにもとづいておっしゃるから違うのです。私は書物は知りません。実際に近くで見て言うことなのです。もっとも、師も（〝兎が餅を搗いている〟ところは）山岳だとは言われていましたが、近寄って見ると、まさしく穴が二つ三つあって、その穴から月の後ろにある星が見えたのです。だから、穴があることは疑いありません。

星の中を通り抜ける

篤胤　星はどのようなものかを知っているか。

寅吉　星は国土から見ると、細かいものが多く並んでいるように見えますが、大空に昇って見ると、いつも明るいため、大地から見たほどに光っては見えません。けれど、だんだんに、はなはだ広大に、四方上下に何百里とも知らず、遠く離れておびただしくあります。大地もその中に交じって、どれそれとも見分けられませんでした。

ところで、理解しがたいことは、「星がどんなものなのかを見たいです」と師に言ったところ、「見せよう」と言って、ここから特に大きく見える星を目指して連れられて上がったのですが、近くに寄るほど大きくぼうっとした気に見え、その中を通り抜けたことがありました。通り抜けて遠く先へ行って振り返ると、もとのように星でした。ということは、星は気が凝結したものかと思われました。

⑥寅吉の異界見聞Ⅳ――山人たちの呪術や信仰

「百日断食の行《ぎょう》」の実験

篤胤　百日断食の行《ぎょう》を終えた後は、きっと、疲れて弱るだろう。そのときの様子はどうか。

寅吉　身はひからびたようになって、筋骨《きんこつ》が浮き出し、力がなくて動くこともできません。歩こうと思うのですが、足が立ちません。物も手に取れません。口をきこうとしても舌は働かず、耳も聞こえません。幾日も際限なく眠って、目を覚ますことがないのです。その間に、夢か現《うつつ》か、誰の仕業か分かりませんが、夢の中で食物がしきりに口に入るのを食っているように感じました。

数十日眠ったように思い、後で目覚めると現世のことはまったく忘れて、生まれ変わったように異界の心となります。これが修行のはじめです。すべて、こちらに戻ってくれば、もともと現世で経験したことも思い出されますが、異界にいると、現世で起きたことは夢のように忘れるものです。また、現世に来てから異界のことを思うと、夢のようなことが多いのです。

篤胤　大塚町〔東京都文京区大塚〕に石崎平右衛門《いしざきへいえもん》という者がいる。この人が若い頃に筑波山に住む天狗に誘われて、数年仕えていた。その後、帰ってきたが、暮らしを立てる方法を知らなかったので、日光山に行き、林蔀《はやししとみ》という者に頼んで、天狗に生計のことをお願いしたところ、ソロバンで占うことを教えてもらった。平右衛門はソロバン占いに熟達し、言うことはすべて当たらないことはなく、もし自分に占えないことがあれば、林蔀のほうへ問い合わせると、蔀は筑波山の天狗に問うて告げてやるとのことだ。この蔀が、「天狗は特に鰹節《かつおぶし》を好むものだ」と言ったという。本当にそうなのか。

寅吉　よくご存知ですね。鰹節は精分《せいぶん》〔精神や気力のもと〕を増すものですから、ことのほか好みます。百日の行以外に、常に断食の行をするときも、鰹節とタニシだけは食するのです。

山人にものを頼む方法

篤胤　山人のほうへ何か頼みたいことや、尋ねたいことなどがあるときに、高い所に上って異界に向かって言うとしたら、届くだろうか。
寅吉　普通にものを言うのと同じように言うのでは、どんなに大きな声でも届くことはありません。神に祈願をするように祈りつつ言えば届きます。
篤胤　先方へ祈願が届いたということは、どうやって分かるのか。
寅吉　聞き届けたことは、そのことを叶《かな》え、また、夢に現れて諭《さと》すでしょう。
篤胤　お前に何か尋ねたいことがあるときに、山に入って対面して尋ねたく思うのだが、そういうことはできないのか。
寅吉　それは、かなわぬことでございます。そのように自由に会えるということになると、異界とこちらの世界の区別がなくなるからです。
篤胤　かつて山人に伴われた者の言葉を聞いたが、山谷などに霧が立ち込めているとき、指で空に字を書いて、何かの呪文を唱えると、晴れたということだ。そういうこともあるのか。
寅吉　実際にそういうことはあります。それは、入ろうと思う山谷に向かって九字を切り、何と言うのか知りませんが、呪文を唱えると晴れるのです。また、呪文を唱え、白紙を細かく切って、雪を降らすようにまき散らして霧を払うことがあります。

篤胤　師は座禅静座などをして、印《いん》を結び呪文を唱えられることなどはないか。

寅吉　座禅静座などという行為を特別になさることはないけれど、重大な考えごとなどがあるときには、坐を組んで目を閉じ、ナイ（注42）の印を結び、何やら唱えごとをしてお考えになることが時々あります。

国友能当　深山または里でも、悪鬼、妖魔、猛獣などが害をなすのを除《よ》ける呪術などはないだろうか。

寅吉　呪術もあるのでしょうが、まだ習っていません。守り札をしたためる法は習っています。これは、みだりに伝えられない法ですが、妖《あや》しい現象、または狼などの類、悪獣に出遭ったとき、または山などで雲霧が起きて難儀するときには、その札を散らし、獣などのような目に見える相手にはその札を与えます。そうすると、決して災難に遭わないものです。

（注42）「内伝」の「ナイ」のことか。

人に取り憑《つ》いた狐を落とす方法

篤胤　世に、「狐が人に取り憑《つ》く」ということが、たくさんある。短時間で憑き物を落とす手段はないだろうか。

寅吉　わがままな人や心がうつろな人が取り憑かれ、化かされるのです。正しく心が立っている人には、憑くことができません。また、化かされもしません。

私も、あるとき、師に命じられて里に出たところ、とある稲荷《いなり》の前を通ったとき、たちまち夜となり、一本の道が何本にも見えたことがあります。私を迷わそうとしているので、「これは狐のしわざだな」と気づいて、稲荷の社に向かって、「稲荷、馬鹿なことをするな」と、大きな声で叱ったら、もとどおり、昼になり、道も一本になったということがありました。総じて狐に限らず、人も人を化かし、人が人にも憑き、そのほかのものも化かしもすれば、憑くこともあるのですが、なかでも狐は抜きん出ています。

さて、狐には五種類あります。翼があって空をかける狐、これを天狐《てんこ》と言います。これは天狗の類《たぐい》です。ほかに、白狐《びゃっこ》、御先狐《おさきぎつね》（注43）、管狐《くだぎつね》（注44）、野狐《やこ》です。天狐が憑いた場合は、落としにくいものです。あるとき、天狐が憑いたのを「野狐が憑いた」と思って恥をかいたことがあります。読む呪文をすべて、私の声よりも先に読まれて、術《すべ》が尽きてしまったため、人々に笑われてしまいました。悔しくて、「中臣祓詞《なかとみのはらえごと》」（注45）をあちこち飛び違えて読んだところ、天狐が困って、落ちたことがあります。

野狐や白狐にこちらが言うことを先に覚《さと》って言われてしまうのは困るものです。

そういうときは、狐がまごつくことを考えてやるのがいいのです。どの狐に対しても、初めから力《りき》む心を止めて、狐と平和に懇意に、親切心で交わる心になって、そのうえで理詰めにしていくのがよいのです。こちらが言うとおりに声をあげても、形を現しても、去るものです。また、狐を欺《あざむ》いて徳利《とっくり》などに封じ込めて落とすこともあります。

狐が人に憑くときは、〔自分の〕身体を〔狐の巣の〕穴に置いて、魂だけを人体に入れるのですが、一昼夜に三度ずつ、肉体を隠してあるところに通わないと身体が腐るため、そのたびに人体から抜け出します。そのときに、憑かれている人は少し正気を取り戻すものです。このときを見て、防ぎの祈禱を行うのもよいでしょう。

（注43）飼いならすと、飼い主のために不思議なことをするという妖狐《ようこ》。尾裂狐《おさきぎつね》。

（注44）通力《つうりき》を備えた小さな狐。これを使う者は竹管の中に入れて運ぶという。

（注45）神道の祭祀に用いられる祝詞の一つ。「大祓詞《おおはらえのことば》」。

鏡を使って人の未来を知る方法

篤胤　江戸神田鍛冶町《かんだかじちょう》〔東京都千代田区〕に天狗庄五郎《てんぐしょうごろう》という者がいる。今も存命だが、この者は若いときに異人に誘われて二、三年も帰らなかった。帰ってのちは、呪禁《じゅごん》や祈禱などを行い、よく効き目があった。なかでも占いの技《わざ》を最も得意としていたが、その占う様子は、天目《てんもく》〔すりばち形の抹茶茶碗〕に水を入れて両手で目の高さよりやや下に捧《ささ》げ持ち、依頼人を向かいにすえて、その顔をつくづくと見て、また捧げ持った水を見て占うのだが、外れたことがなかった。だが、（庄五郎が）色欲《しきよく》に溺れた後、その術はどれも効かなくなったという。寅吉は、このような占いの方法を知らないか。

寅吉　山人によってたくさんの方法があるので、その占い方も、どこかの山人に習ったのでしょう。私はまだ見たことのない方法です。ただ、それに似通った「鏡《きょう》卜《ぼく》」という方法があります。

篤胤　その占いは、どうやって行うのか。

寅吉　よい古鏡を二面、両手に持って、まず、占う人の顔をよく視《み》て現在のことを知り、右手に持った鏡にその顔を映して来年のことを知り、右手の鏡に映った顔を左手の鏡に映して三年目のことを知るのです。人相の占い方にこれほどよい方法はないのですが、私はまだ詳しくは知りません。

山人や天狗も神を信仰するか

篤胤　天狗も神を信仰するか。また、諸社へ参詣もするか。

寅吉　神々をすべて信仰して、常に礼拝し、また諸社に参詣することもあります。

篤胤　神拝する仕方はどうか。拍手《かしわで》を打つか。

寅吉　拍手を打つには、「天《あめ》の御柱《みはしら》」と言って大きく一つ打ち、「国の御柱」と言って小さく一つ打って、「八百万神《やおよろずのかみ》たち、これにより給え」と唱えて祈願をするのです。祈願が終わってのちに、「国の御柱」と言って小さく一つ打ち、「天の御柱」と言って大きく一つ打って、「八百万神、もとの宮へ帰り給え」と唱えます。神拝に「天の御柱」「国の御柱」と言うと、神々へ祈願がよく届いて、聞き入れてくださるのです。また「日向《ひゅうが》の御柱」は禊《みそぎ》のときに唱えることがあります。これは清めです。「出雲の御柱」とも唱えることがあります。これは大社大国様のことだそうです。

篤胤　天狗は特に愛宕の神を信仰するのだろうと思うことがある。どうだろうか。

寅吉　愛宕に限らず、何であっても、その山の神を大切に信じます。しかし、火の行をするために、愛宕を常に信仰するのです。

篤胤　火の行をすると言って、なぜ愛宕を信仰するのか。

寅吉　（笑って）分かりきったことを聞かれるものですね。愛宕は火《ひ》の神加具土命《かみかぐつちのみこと》〔火之迦具土神《ほのかぐつちのかみ》〕だからです。

山人の世界の神と神事

篤胤　神の御姿が、山人天狗、または、お前などの目に見えることはないか。

寅吉　師などの目に見えることもあるのか、それは知りません。私たちは神の御姿を見たことはありませんが、時折、金色で幣束《へいそく》のような形に見えるものが、ひらひらと大空を飛ぶことがあります。これは神の御幸《みゆき》〔お出まし〕だということです。そのときは、誰もが地にかしこまって拝するのです。

篤胤　寅吉の師は信州浅間《あさま》山に住み、その山の神にお仕えされているとのことだが、かの山に鎮座なさる神の御名は何と申し上げるのか、聞いていないか。

寅吉　師は、かの山に住んで守護されているので、その神にお仕えされているわけです。鎮座なさる神の御名は聞いていませんが、「姫神《ひめがみ》で、富士山の神の御姉神《おんあねがみ》でいらっしゃるが、御同体であるとも拝察する」とは聞いています。

篤胤　正月元日に神事、また祝事、門松《かどまつ》を立てることなどはないか。

寅吉　大晦日から元日にかけて、そのときの食物をお供えし、年の神を祭ります。門松というのはないけれど、山で生い立った松の木に、食物でも何でも、お供えして祈ることはあります。

篤胤　三月節句の祭りの様子はどうか。

寅吉　三月節句は、伊邪那岐神《いざなぎのかみ》・伊邪那美神《いざなみのかみ》の祭りです。習わしどおりに神壇をしつらえ、二神の霊代《たましろ》の幣《ぬさ》を立て、種々の供物も通例のとおりです。ただ、常の供物と違うのは、あさつきと片貝《かたがい》の酢味噌あえと、榊《さかき》の葉に醴《あまざけ》〔甘酒〕をつけてお供えすることです。

篤胤　五月の節句の祝いはどうか。菖蒲《しょうぶ》などを用いないか。また、幟《のぼり》に似たことはないか。

寅吉　五月の節句は、天王祭《てんのうさい》〔牛頭天王《ごずてんのう》を祀る天王社の祭〕といって、須佐之男《すさのお》命《みこと》を祭ります。これは悪魔除けであるということです。供物は普段と変わりません。

さて、この日には必ず「剣改め」ということがあります。それは、刀の拵《こしら》えを全部取り外して、磨くことです。

篤胤　毎年一〇月には、出雲大社に大小の神祇《じんぎ》〔天の神と地の神、天地神祇〕がことごとくお集まりになると言われている。山人の世界でも同様のことが言われているか。

寅吉　こちらでは、「一〇月一日に、神々が大社へお立ちになる」と言うけれども、異界では「九月末日にお立ちになって、一一月一日にお帰りになる」と言われていて、二度の祭りをするならわしです。

神々が大社にお集まりになるということは、大社の神は神の司であるため、氏《うじ》神《がみ》は氏子《うじこ》らの当年中の善悪を申し、来年中のことを定め、家内に祭る神なども、そのことでお集まりになるということです。けれど、神に関することですから、詳しくは知りません。おそらく、神界のことが山人界から分からないのは、人間界から山人界のことが分からないのと同じでしょう。

「心の治め方」に失敗した者が、死後、魔物《まもの》となる

篤胤　瘧神《おこりがみ》（注46）、疫病神《えきびょうのかみ》、貧乏神、疱瘡神《もがさのかみ》（注47）、首絞神《くびくくりのかみ》、火車《かしゃ》（注48）などという種々のものがいて、世の人々に災いを被《こうむ》らせる。これらはどうしてできたものかということを、師に聞いたことはないか。

寅吉　これらはみな人霊《じんれい》がそうなったもので、生きていたときから心の治め方が悪かった者が、そうした群れの中に入るということです。総じて、妖魔は言うまでもなく、そうした鬼物《おにもの》どもは、世の人を一人でも多く自分たちの群れに引き入れて、同類を増やそうと、おのおの、隙間もなくうかがっているのです。

それにつけても、人は少しでも曲がった心を持つべきではありません。たとえ

徳行を積んだ善人でも、よこしまに曲がった心をしばらくでも思うと、日頃の徳行も水の泡と消えて、その悪念は消えることなく、やがて妖魔に引き込まれる縁《えん》となるものだということです。

このことを思うにも、気の毒なのは、極楽へ行こう行こうと思っている人々です。死んでみると極楽はないため、うろたえています。そのうちに悪魔やその他の妖《ま》物《もの》に目をくらまされて、心ならずもその部類に引き入れられるのです。本当に哀れなことです。

（注46）周期的な悪寒や震えをもたらすとされる神。
（注47）天然痘をもたらすとされる神。
（注48）死体を奪い去るとされる妖怪。

「大願《たいがん》」というものの大概は欲心

私がもともと知らない人だが、ある医師が、紹介人もなく、尊大な様子でつかつかとやって来て、私に会いたいと言う。会うと、「寅吉に会いたい」と強いて請うので、その頃は、みだりに人に会わせなかったのだが、やむを得ず面会させた。

その医師は、世の高潔ぶった人のように、清潔な話をして、まず自分の長寿と夭折《ようせつ》について質問した。すると寅吉はこう答えた。

「それは言わない掟です」

「私には大願《たいがん》がある。成就するかしないか」

「どんな願いですか」

「私は金銀を多く持ちたいなどという卑しい心は一点もない。ただ、大邸宅を構え、身の上も昇進し、財宝が思いのままに集まって、それを十分に使い、人にも施して、寿命を長く、病難もないようにと、常に弁財天《べんざいてん》、聖天《しょうてん》〔大聖歓喜天〕などを信仰して、日々の祭りを欠かしたことはない。どうだ、この大願は叶うだろうか」

寅吉は少し考える様子で、

「ご信心次第で叶いますでしょう」

と答えると、医師は、ひどく喜んで帰っていった。その後、私は寅吉に訊いてみた。

「あの医者の願望は非常に大きいが、本当に叶うのだろうか」

寅吉は笑って答えた。

「あのような占いは、それほど苦心して考えようとは思わなかったので、成るか成らないかも深くは考えず、実は、口から出まかせを申したのです。あの医者は、『欲心は少しもない』と清らかそうに言っていましたが、『財宝を十分に得て十分に使い、人に施すほどでありたい』と言われました。私は、これほどの欲心はなかろうと思ったのですが、あの医者は欲心だとは思っていませんでした。

その欲心から弁天や聖天などを祭っているとのことですが、信心さえ厚ければ効験《こうけん》もあるでしょうけれど、ついには神罰に遭うことを知らないのです。俗人が『大願、大願』と言う内容は、大抵が、この程度のことでありますために、神々様はさぞかしお困りのことでございましょう。

真実の大願ならば、あの人は医師なのですから、『何か神界に良き療法があるはずだ。私は医者だ。どんな難病でも私の手で癒えない病はないというように、療法を知って天下の病苦ある人を救い、その療法を世に広く伝えて天下の医師たちにも知らせ、あまねく世に医術をもって功を立て、死してのちも人の病苦を救う神となろうと思う。この願いは、どうやって叶えたらよいでしょうか』などという問いであったならば、私も苦心して占い、考え、聞き知っている療法や薬方のことを語りもしたでしょうに。本当に可笑《おか》しいことです」

後で聞いた話だが、この医師は多くの財宝を持っているが、飽くことなく種々の手段で金を集めているという。

神の道を否定する「生学問《なま》」ほど危険なものはない

ある日、人々が私のもとに集まって、さまざまな方面の話をしていた。その折に、ある博識ぶった人物のことが話題になった。その人は「神道はとても小さな道だ」と言うのである。「それほどでもない学問を立派そうに誇るのは、慢心した人だ」などと語り合っていた。

そのとき、寅吉が言った。

「およそ学問というものは、魔道《まどう》に引き込まれることで、よろしくないことです。その理由は、むろん学問をすることほど善いことはないのですが、真の道理の至極まで学び至る人はなく、大概は生学問《なま》をするからです。

書物をたくさん知っていることを鼻にかけて、書物を知らぬ人を見下し、『神はいない』だの、『仙人・天狗はいない』だのと言い、『不思議なことはない』『そのような道理はない』などと言って我意《がい》を張ります。これはすべて生学問の高慢であって、心が狭いのです。

書物に記してあることでも、実際に見てみると違っていることはいくらでもあります。だいたい、高慢な人は心が狭くて、最後には悪魔・天狗に引き込まれて責めさいなまれる人なのです。

異界で聞いた話があります。何とかという大鳥が『自分ほど大きなものはいまい』と思って出かけ、飛びくたびれたので、下に見える穴に入って羽を休めました。すると、その穴がくしゃみをして、『俺の鼻に入って休むのは誰だ』と言われ、肝を潰したというのです。

人間ほど尊いものはありませんが、自分より下のものを見るとだんだん卑しく劣ったものが幾百段あるか知れません。顕微鏡で見ても分かるでしょう。蠅は小さいものだと思いますが、その蠅に羽虫がたかっています。その羽虫にもまた、羽虫がたかっているかもしれません。そのように、上にもまただんだんに幾百段か、尊いすぐれたものがあるはずで、この天地も何もかも、何とかという神の腹の内であるかもしれないのです。

それは、人の腹の内にもいろいろな虫がいることからも分かることです。そうであるから、大空がどこまであるかということまで知り、自由自在な器量がなくては、偉そうなことは言えないのです。すべて、慢心・高ぶりほど悪いことはありません。魔道に引き入れられるきっかけとなるからです。それゆえ、顔の美しい人、また諸芸の達人、金持ち長者なども、慢心・おごりの心があるため、多くは魔道に入るものです。

坊主はだいたい低い身分の者から出て、位が高くなり人に敬われるため、みな高ぶりの心があって大抵は魔道に入るのです。

特に、金持ちがますます欲深く金を集めて、それを世のために使ったりしないのは、神が憎むことだと聞いています。金持ちが一所に金を集めるゆえに、貧乏人が多くなります。世人がおのおの、暑からず寒からず、食べて着て住めるぐらいに取り揃えて、欲を深くしないでいると、世の中が平穏無事に行くのです。金持ちが莫大な金を集めて、『これは俺のものだ』と思っていても、よく考えれば自分のものなど何もなく、すべて公のものなのです。

金銀だって、公のもとに通用している世の宝です。その他、食物も着物も公の地でできたものです。家も公の地にあるわけです。その身体でさえ、公の地に生まれた身なのだから、我が身とは言えません。金銀や何かを数多く持っていても、死ぬときに持っては行けません。それなのに、このことをわきまえず、むやみに欲を深くして物持ち・金持ちになりたがる人は、死んでもその心が消えず、人のものを集めて欲しがる鬼物となるのです。これはまさに、魔道に入ったということです」

解説　「異界情報のカタログ」をどうぞ

信憑《しんぴょう》性が高い「江戸の実録臨死体験」

「臨死体験」「生まれ変わり」「宇宙人」といった言葉が、時折、マスコミで取り上げられ、話題となることがある。

本書は、江戸時代の国学者・平田篤胤《ひらたあつたね》（一七七六〜一八四三）が、そうした種類の問題について、事件の当事者に直接会って調査した、生々しい記録である。

まず、著者のことを簡単に説明しよう。

篤胤は出羽国《でわのくに》（秋田県）に生まれたが、二〇歳のときに脱藩、江戸へ出た。本居宣長《もとおりのりなが》に影響を受け、古典研究に励み、やがて「平田神道」とも呼ばれる神学《しんがく》体系を作り上げ、多くの弟子たちを育てた。

晩年の運命は厳しかった。彼の思想は幕府から危険視され、著述禁止と江戸退去を命じられたのだ。彼は故郷で失意のうちに生涯を終える。けれども、篤胤の思想は明治維新の源流の一つになっていった。

『勝五郎再生記聞《かつごろうさいせいきぶん》』（一八二三年）は、現代的に言えば、「臨死体験」や「前世《ぜんせ》の記憶」についての実話を取り上げた本である。

文政五年（一八二二年）、中野村の勝五郎という少年が、田んぼのそばで遊びながら、兄に向かって「兄ちゃんは生まれる前は、どこの誰の子だったの」と聞いた。兄は当然、「知らない」と言う。そばにいた姉も、「そんなことがどうして分かるの。あんたは知ってるの」と尋ねた。すると勝五郎は「おらは、よく知ってる。程窪《ほどくぼ》村の久兵衛《きゅうべえ》の子で、藤蔵《とうぞう》という名前だったんだ」という具合に語りだし、実際にそのとおりの子供が程窪村に実在し、勝五郎が生まれる前に亡くなっていたことが実証されていく。勝五郎の前世の親も実在し、勝五郎は、「程窪小僧」と呼ばれて近隣でも評判になったという。

この記録については、当時の役人など、公的立場の人物が勝五郎の証言について検証しているため、信憑性《しんぴょう》が高いのが特徴だ。

現代でも、いわゆる「前世」の記憶を語りだす子供の事例が研究されている。また、「臨死体験」の研究によると、生死の境をさまよった人が、自分の肉体を抜け出し、横たわる自分の姿を空中から眺める「幽体離脱」といった現象を体験することがあるとも言われている。

本書には勝五郎の事例のほか、中国における「臨死体験」の例も取り上げられている。これらを読むと、時代や国が違っても、人類は共通の神秘的な体験を報告し続けてきたことが感じられるのだ。

ところで、篤胤自身は死後の世界について、どのように考えていたのだろう。

篤胤の重要著作『霊能真柱《たまのみはしら》』（一八一三年）によると、「大倭心《やまとごころ》」を固めるには、「霊《たま》の行方《ゆくえ》の安定《しずまり》」を知ることが大切だという。人の霊は死後、どこへ行くのかということだ。

篤胤は、本居宣長の門人と称し、宣長のことを尊敬してやまなかった。だが、生前の宣長が説いた、「人間は死んだ後、善人も悪人もみな、汚く悪しき黄泉《よみ》の国に行く」という趣旨の考え方については、はっきりと否定している。

篤胤によると、死後の魂は、神の支配する「幽冥《ゆうめい》」あるいは「幽世《かくりよ》」という、目に見えない世界に行く。善人も悪人もみな同じ扱いということはなく、人は生前の行いの善悪について神の判定を受けなければならない。たとえば、同じく病気で死んだ場合でも、「自分が辛かったのと同じように他の人を苦しめてやろう」と思うのと、「自分が味わった苦しみを、他の人には味わわせたくない」と思うのとで、邪と正が分かれるというのである。

平田神道では、こうした「幽冥」のことを明らかにするための方法として、古典の勉強を勧めている。さらに、勝五郎のように実際に幽冥に行って帰ってきた者がいるのだから、その事実について、よくよく考えてみることも勧めているのである。

天狗少年の素顔

さて、『仙境異聞《せんきょういぶん》』（一八二二年）とは、どんな書物なのか。

一言でいえば、「天狗少年の記録」である。

文政三年（一八二〇年）、浅草観音堂《あさくさかんのんどう》の前にひょっこり姿を現した寅吉《とらきち》少年は、ある意味で勝五郎以上に奇妙な体験の持ち主であった。

寅吉は七歳の頃、上野の五条天神のあたりを歩いていた。彼はそこで、不思議な老人と出会う。

老人は、直径12㎝ぐらいの小壺から薬を出して売っていた。その後、彼は並べた物をすべて、その小壺に収納しはじめた。そして最後には、なんと老人自身も、その壺の中に入ろうとするではないか。「ありえない」と思って見ている寅吉の目の前で、老人は壺に入り込む。壺は大空に飛び上がり、どこかへ行ってしまった。

次に老人と会ったとき、今度は寅吉も、「この壺に入れ」と誘われ、壺の中に入ったかと思うと、とある山に来ていたのである。

寅吉はその後、この、天狗とも山人《さんじん》とも言うべき正体不明の者たちの集落で修行を積みながら、奇想天外な経験を重ね、見聞を広めていくことになるのだ。

異界から江戸に帰った寅吉が、天狗と過ごした奇妙キテレツ摩訶不思議な体験談を人々に披露すると、彼は、「天狗小僧」として有名人となった。寅吉の言葉は、江戸の瓦版のようなものでも伝えられ、また、平田篤胤らによって筆記されたのであった。

天狗小僧・寅吉は、文化三年（一八〇六年）、江戸下谷の商人の次男として生まれた。五、六歳頃から、火事や盗難などを予言するなど、不思議な能力を発揮することのある子供だったという。

山人集落で修行するようになってからは、さらに能力に磨きがかかり、盗品の隠し場所を言い当てたり、富くじの当たり番号を（本人は富くじのことだと知らずに占った）的中させたりすることもあったという。超人的な術を身につけた寅吉のところには相談者が押しかけたのであった。

だが、寅吉は単なる霊能者とは一線を画していた。ある医師が、「自分は金持ちになりたいが、叶《かな》うかどうか」と相談をしてきたときに、「信心次第です」と答えつつも、俗人が、そういう私欲にまみれた願いばかり持ち込むので神々は困っているだろう、「医者として、神界には良き療法があるはずだ、難病も癒せる療法を知って天下の病苦ある人を救いたい。この願いは、どうやって叶えたらよいか」という願いならば真剣に相談に乗るのだが、という趣旨のことを篤胤に言っている。これを見ると、特異能力以前に、「世のため人のために生きよう」という純粋な心を持つ少年であったことが感じられる。

「地球は青く見えた！」驚愕の寅吉の宇宙体験

ところで、寅吉はどのような特殊体験をしたのだろうか。

寅吉の体験で特徴的なのは、何と言っても「空行《くうぎょう》」であろう。空中飛行のことである。寅吉は江戸時代の人間としてはありえないはずの飛行体験を、こう述べている。

大空に昇っていくと、雲か何か知らないが、綿《わた》を踏んでいるような心持ちで、矢よりも速く、風に吹き送られるように行くため、私らはただ、耳が「グン」と鳴るのを感じるだけです。（中略）非常に高く昇ると、雨が降ったり風が吹いたりすることもなく、天気はたいへん穏やかなものです。

私たち現代人は、ジェット機で旅行するとき、気圧変化による耳鳴りを経験することがある。また、雲海の上を飛ぶ航空機の窓から眺める天気が「たいへん穏やか」なことも、現代人にはよく知られている事実だ。

もっと上空に行くとどうなのか。

少し飛び上がって見ると、海川、野山、人の行き交う様子まで見えて、たいへん広大で、丸く見えますが、しだいに昇って見ると、だんだんに海川、野山の形状も見えず、むらむらとうす青く網目を引き延ばしたように見えます。

「地球は青かった」と最初に言ったのは、一九六一年に宇宙船ボストーク一号で人類初の宇宙飛行を成功させた旧ソ連のガガーリンのはずだが、その一五〇年近く前に、同様のことを報告している寅吉とは、いったい何者なのだろうか。寅吉はまた、「この大地は丸いものだろうと思われます。その理由は、西へ西へと行くと東に来るからです」とも述べている。むろん江戸時代であっても、少なくとも知識人は、篤胤を含めて地球が球体であることを理解していたわけだが、寅吉の口ぶりには、いかにも自分の目で見て地球の丸さを発見したという響きが感じられる。

篤胤が筆記した寅吉の報告を読むと、寅吉は、大気圏を突破して宇宙にまで飛行し、月面をも見てきているらしい。寅吉の見た月面は、次のような様子であった。


光って見えるところは国土の海のようで、泥が混じっているように見えます。俗に〝兎《うさぎ》が餅を搗《つ》いている〟というところには、二つ三つ穴があいていました。


「月の穴」と聞けば、現代人なら月面のクレーターのことを思い出すだろう。当時すでに西洋ではクレーターのことが知られていたとはいえ、興味深い記述ではある。

そして寅吉は、さらに遠い世界へも行っているようだ。

「星はどのようなものか」と問われた寅吉は、こう答えている。

近くに寄るほど大きくぼうっとした気に見え、その中を通り抜けたことがありました。通り抜けて遠く先へ行って振り返ると、もとのように星でした。ということは、星は気が凝結したものかと思われました。

現代の天文学によると、星の中には、水素やヘリウムなどのガスが凝集したものが多いことが分かっている。江戸時代において、当時の人類が知りえなかったことを、なぜ、寅吉は知っていたのだろうか。

『仙境異聞』の本文からは、寅吉が肉体を持ったまま宇宙に出たのか、それとも体外離脱《たいがいりだつ》などの霊的な方法で宇宙飛行をしたのかは分からない。あるいは山人たちの不思議な力で、心の中に宇宙のイメージを投射されたのかもしれないが、すべては謎である。だが、寅吉の体験は現代の宇宙探査や天文学の知識と符合する点が多く、真実味に富んでいることだけは、間違いないのだ。

江戸のＵＦＯ遭遇事件

寅吉は山人の師に連れられて空中飛行し、外国にも旅をしている。だが、その行き先は、詳しくは本文をお読みいただきたいが、「女性だけで子孫をつくる国」や「誰もが犬の毛皮をかぶって暮らす国」など、「本当に地球上なのか」と言いたくなるような国であったりする。また、寅吉が言及している動物には、竜や河童、人に取り憑《つ》く狐といった妖怪の類や、ロボットを思わせる「鉄でできた獣」まで、未知の動物が多いという特徴がある。

ところで、「江戸時代」と「宇宙」という言葉から私が思い出すのは、次のような一見、突拍子もない話である。

一八〇三年（享和三年）、三月二四日（原文まま。正しくは二月二二日）。今の茨城県の海岸に、何とも奇妙な形の船が流れつき、調べてみると、誰も見たことがないようなおかしな服装の女が一人乗っていたといいます。このことは、天保年間、江戸で出版された『梅の塵《うめのちり》』という本に記録され、挿絵には、まるで空飛ぶ円盤のような形の船が描いてあります。その船は何だったのか。宇宙船だったのでしょうか。それとも、もしかしたらタイム・マシンではなかったのか。とすれば、中に乗っていた女というのは……。時間の流れを飛び越えることができる人間、タイム・トラベラーが、今にも、たった今にも姿を現すかもしれません。しかも、あなたの身近なところで。（一九七二年放送、NHK少年ドラマシリーズ『タイム・トラベラー』第一回「ラベンダーの謎」ナレーションより）

実は、この記録は実在し、一部の好事家《こうずか》たちの間では、「江戸時代のUFO事件ではないか」とも言われている。この「うつろ船」漂着事件のことは、『梅の塵』以外にも、『兎園《とえん》小説』や『漂流記集』などの書物にも載っており、瓦版でも報じられていた。そして、本書第二章「『天狗少年』寅吉物語」の冒頭で、寅吉を篤胤に引き合わせた和学者・屋代輪池翁《やしろりんちおう》（屋代弘賢《ひろかた》）も著書『弘賢随筆《こうけんずいひつ》』で、「うつろ船」について書き残しているのだ。ちなみに、少し前に、この「うつろ船」漂着の場所が、常陸国《ひたちのくに》鹿島郡《かしまぐん》常陸原《ひたちはら》舎《しゃ》り濱《はま》（現在の茨城県神栖《かみす》市波崎《はさき》舎利《しゃり》浜《はま》）であることが特定されたという新史料発見があったことを付記しておきたい（二〇一四年五月一三日付・茨城新聞インターネットニュース）。

　寅吉は正体不明の怪人に誘われ、壺のような乗り物に乗って空中を飛行したり、「百日断食の行《ぎょう》」と言って、飲まず食わずで生きる修行をしたりしているが、こういう体験は江戸時代なら「天狗にさらわれた」事件であろうし、もしも現代の東京で起きたならば、いわゆる「アブダクション（宇宙人による誘拐）」事件とでもいうべき位置づけにもなろうか。

今も昔も、常識を外して未知の世界に

現代語訳で読むと特に感じられることだが、『勝五郎再生記聞』も『仙境異聞』も、実に「とんでもない」内容が次々に出てくる。現代的に言えば「体外離脱」「未来予知」「瞬間移動」「念動力」「遠隔透視」などなどの超常現象に満ちている。読んでいて、「頭がクラクラしてくる」という人もいるだろう。

実際、篤胤が記録したこうした異界情報は、発表当時から「インチキだ」「山師だ」などという批判にさらされた。そうした世間の批判もあり、篤胤の言論は江戸幕府の立場から見ると、非合理で危険な思想に見えてしまったようだ。前述のように、篤胤は晩年、幕府の権力によって著述の差し止めと、江戸からの強制退去を命じられてしまう。

だが、篤胤が本書で述べたことは、本当に間違いであり、インチキであったのだろうか。

そう断定するのは早いと、私は考える。

『仙境異聞』の末尾で、篤胤は寅吉の考えとして、こういう意味のことを述べている。学問には恐ろしい面がある。むろん学問ほど善いことはないが、大概は生《なま》学問をするからだ。書物をたくさん知っていることを鼻にかけ、書物を知らぬ人を見下し、「神はいない」だの、「仙人・天狗はいない」だのと言い、「不思議なことはない」「そのような道理はない」などと言って我意《がい》を張る。これは生学問の高慢なのだ。書物にあることでも、実際に見てみると違っていることはいくらでもある。高慢な人は心が狭く、最後には悪魔に引き込まれる人なのだ、と。

私も同感である。なるほど、カルト団体に加入して人生を狂わせる人はいるだろう。そういう人は、篤胤の言葉を借りれば、「信ずべきでないものを信ずる」凡人だろう。だが、神々や霊的世界の存在を推定させる奇跡的現象が実際に起きていても、「宗教を否定することから、近代の啓蒙時代は始まったのだ」とか、「私の学問によれば、そういうことはあってはならない」などと言って、神秘的な物事を最初から否定してかかる人がいるとすれば、これもまた、篤胤の言葉で言えば「信ずべきものを信じない」中国かぶれの人ということになろう。生半可な学問をしたために、自分の常識に合わないことを頭から疑う態度こそ、別の意味での「狂信・妄信」なのかもしれない。

『勝五郎再生記聞』と『仙境異聞』において、篤胤は、二つの「異界」を提示してみせたと言ってよい。それは、勝五郎の生まれ変わりを可能とした「霊的世界」と、寅吉が誘われた「宇宙の世界」である。

二一世紀、二二世紀、そして、それ以降の世界においては、現代人がまだ十分には気付いていない「心の世界」と、広大な「宇宙」とが、新しい開拓地となっていくだろう。

「異界情報のカタログ」とも呼べる、この貴重な記録を材料にして、未知の世界について関心を深めていただければ幸いである。

訳者　加賀　義

資料

【『勝五郎再生記聞』の冒頭には、次のようなエピソードと、当時の役人が勝五郎の件を調べて書いた届書（公式文書）が載っている。資料として巻末に現代語訳で掲載する。訳者】

『勝五郎再生記聞』にまつわるエピソード

『北窓瑣談《ほくそうさだん》』（文政一二年〔1829年〕に刊行された橘南谿《たちばななんけい》の随筆）五の一四丁より

『孤樹裒談《こじゅほうだん》』に、『菽園雑記《しゅくえんざっき》』を引用して、こんな話が載っている。

明《みん》の英宗《えいそう》のとき、刑の執行を前にして、再三の奏上によって死を免《まぬか》れた人がいた。ある人が問うた。「処刑のとき、精神状態はどうだったか覚えているか」と。彼は答えた。「もう、わけが分らなくなっていた。ただ、俺自身は屋根の上にいた。下では一人が俺の身体を縛り、妻子や親戚がみな、そばにいるのを見た覚えがある。しばらくして死刑中止の命令が届き、やっとのことで屋根から下りることができた」と。

これは、「魂が肉体から離脱する」ことの例証になるだろう。

勝五郎事件に関する届書

【中野村領主〈地頭〉で旗本の多門伝八郎《おかどでんぱちろう》〈屋敷は江戸根津《ねづ》〉が、所属長に当たる御書院番頭《ごしょいんばんがしら》〈江戸幕府将軍直轄の軍団の頭〉佐藤美濃守《みののかみ》に届けた、勝五郎に関す

る報告書。訳者】

（文政六癸未《みずのとひつじ》年〔1823年〕四月一九日 御書院番頭）

佐藤美濃守殿への届書写し

私の知行所《ちぎょうしょ》〔一万石未満の武士の領地〕、武蔵《むさし》の国多摩郡《たまぐん》中野村の百姓源蔵《げんぞう》の子勝五郎は、去る午《うま》年〔文政五年（1822年）〕、八歳の秋に、当人の姉に向かって、前世のことや、生まれ変わったいきさつについて話しましたが、小児の話すことであるため、取り合わないでいました。しかし、たびたび同様の話をするため、不思議に思った姉は、父母に相談いたしました。

この年の一二月、あらためて父源蔵が勝五郎に尋ねましたところ、「前世の父は同国同郡小《こ》宮領《みやりょう》〔東京都日野市・八王子市・あきる野市〕程窪《ほどくぼ》村の百姓久兵衛《きゅうべえ》で、自分は藤蔵《とうぞう》だ」と申し、自分が二歳のときに久兵衛は病死いたしましたため、母親が再婚し、半四郎という者が後の父親になりましたが、この藤蔵は六歳のとき、疱瘡《ほうそう》で病死し、それから前述の源蔵のところへ生まれ変わったと答えました。話が詳細で、あやふやなところがないため、村役人へも申し出て、念を入れて問い質《ただ》しましたところ、この出来事が近辺で評判になりました。

程窪村の半四郎《はんしろう》方にも噂が聞こえて、同人の知行所、源蔵方へ訪ね参り、問い質したところ、勝五郎の申すとおり、間違いなく、前世の父母の顔立ち、その他、住居なども話しました。この子供を程窪村の半四郎方へ召し連れて参りましたところ、これまた少しも相違ございません。家族に対面させましたところ、先年、六歳で病死した藤蔵に似た子供でありました。その後、この春まで家族ぐるみで懇意にしておりますうちに、この話が近村にも知られ、この頃は、あちこちから勝五郎を見物に来る者がございますため、源蔵と勝五郎を呼び出して問い質しましたところ、右のとおりのことを両人も答えたのでございます。そうは申しましても、世間であれこれ取り沙汰《ざた》されているため、取り扱いの難しい事案ではございますが、ご内々にこの件をお耳打ち申し上げておきます。以上。

四月

多門伝八郎

【以下は右報告書に添付された調書の写しである。訳者】

中根宇右衛門《なかねううえもん》殿知行所

武州《ぶしゅう》〔武蔵国の略称〕多摩郡小宮領程窪村

百姓　実父　藤五郎《とうごろう》　継父　半四郎

藤　蔵

（藤蔵は）文化二乙丑《きのとうし》年〔1805年〕、出生。同七庚午《かのえうま》年〔1810年〕二月、疱瘡を病んで、四日、昼四つ時頃〔午前一〇時〕、死去。時に六歳であった。葬地は同村の山である。菩提《ぼだい》所は同領三沢《みさわ》村〔東京都日野市三沢〕禅宗　医王寺《いおうじ》。去る文政五壬午年《みずのえうま》〔1822年〕が一三回忌であった。

藤蔵の継父
当未五〇歳　半四郎
藤蔵の母
当未四九歳　しづ
半四郎の子　藤蔵の異父弟妹
男子　二人
女子　二人

藤蔵の実父
藤五郎

（藤五郎は）若年のときの名を久兵衛という。文化三丙寅年《ひのえとら》〔1806年〕、藤蔵二歳のとき、四八歳で死去。半四郎が、妻しづの入夫《にゅうふ》となって家を相続した。

多門伝八郎殿知行所

武州多摩郡柚木領《ゆぎりょう》〔東京都八王子市・町田市・多摩市の一部〕

中野村 百姓 源蔵 次男

当未九歳　勝　五　郎

文化一二乙亥《きのとい》年〔1815年〕一〇月一〇日、再生する。前生は程窪村の藤五郎初名久兵衛の子で藤蔵といったが、六歳のときに疱瘡で死去したことは前文に記したとおり。文化七年〔1810年〕に死去してから六年目である。

勝五郎の父、小谷氏という

当未四九歳　源　蔵

源蔵の妻、勝五郎らの母

当未三九歳　せ　い

せいの父は尾州《びしゅう》〔尾張国《おわりのくに》（愛知県）〕の家士《かし》〔家に仕える侍〕で、村田吉太郎《きちたろう》といったが、せいが三歳のときに、吉太郎は事情があって浪人となり、文政四年

〔1821年〕四月二七日に七五歳で死去したという。

源蔵の母、勝五郎らの祖母
当末七二歳　つ　や
源蔵の娘、勝五郎の姉
当末一五歳　ふ　さ
源蔵の長子、勝五郎の兄
当末一四歳　乙　次　郎
源蔵の娘、勝五郎の妹
当末四歳　つ　ね

（貼り紙）
「『村田吉太郎は織田《おだ》遠江《とおとうみ》殿組において、侍にあるまじき行ないがあって、寛政元丙午《ひのえ》年〔1789年〕一一月二一日に追放を仰《おお》せ付けられた』と、ある書に見える。

『後に丹羽《にわ》家（左京大夫《さきょうのだいぶ》殿）に抱えられた』と、ある人が言っている。

尾張人某《なにがし》（花押《かおう》）

そうであれば、〔右書中、〕せいが五歳のときに〔父は〕浪人となったのである。

本書と違っている。」

著者＝ 平田 篤胤（ひらた・あつたね）
1776〜1843年。国学者、神道家、復古神道（古道学）の大成者で、国学四大人の一人。秋田藩士。脱藩して本居宣長没後の門人を称する。古典研究から尊王復古を主張する復古神道を説き、幕末国学の主流「平田神道」を形成、幕末の尊王攘夷運動に影響を与えた。死後の世界に関心を持ち、霊界研究書として、『仙境異聞』『勝五郎再生記聞』などを著す。著書に『古史伝』『古道大義』『霊能真柱』など多数。

訳者＝ 加賀 義（かが・ただし） 1968年生まれ。長崎大学教育学部卒。長崎県の高校の国語教師。エッセイ「景山民夫の預言〜作家たちが透視した日本の未来〜」が「幸福の科学ユートピア文学賞2007」にて入選。著書に『効果的に伝える文章技術』（はまの出版）、現代語訳書に福沢諭吉著『学問のすすめ』（幸福の科学出版）がある。

江戸の霊界探訪録
「天狗少年寅吉」と「前世の記憶を持つ少年勝五郎」

2014年10月23日　初版第1刷

著　　者　平田 篤胤
現代語訳　加賀 義
発行者　本地川 瑞祥
発行所　幸福の科学出版株式会社
〒107-0052　東京都港区赤坂2丁目10番14号
TEL（03）5573-7700
http://www.irhpress.co.jp/

印刷・製本　株式会社 堀内印刷所

落丁・乱丁本はおとりかえいたします

©Tadashi Kaga 2014.Printed in Japan. 検印省略
ISBN978-4-86395-566-0 C0091

［カバー］提供：アフロ

新・教養の大陸
BOOKS

「教養の大陸」シリーズ 発刊に際して

21世紀を迎えた現在にあっても、思想やイデオロギーに基づく世界の紛争は深刻化し、収まる気配を見せない。しかし我々は、歴史の風雪に耐え、時代や地域を超えて愛される真の古典においては、人類を結びつける普遍的な「真理」が示されていると信ずる。

その真理とは、光の天使ともいうべき歴史上の偉人、あるいはそれに準ずる人々が連綿と紡ぎだし、個人の人格を高め、国家を繁栄させ、文明を興隆させる力となるものである。

世間で一定の権威を認められている作品であっても、もしそれが人間の魂を高尚にせず、国家を没落させるものであれば、やがてその価値を剥奪され、古典ではなく歴史資料でしかなくなるだろう。

今、大切なことは、はるかに広がる学問の世界の大地、「教養の大陸」を認識することである。真理を含んだ古典は人をこの教養の大陸へと誘《いざな》う。我々は、この意味における真の古典を厳選し、それを人類の知的遺産・精神的遺産として正しく後世に遺し、未来を担う青少年をはじめ、日本国民の魂の向上に資するため、真なる教養書として、ここに「教養の大陸」シリーズを発刊する。

2009年10月

人生に光を。心に糧を。

新・教養の大陸シリーズ　第三弾

本多静六の努力論

人はなぜ働くのか

本多静六 著

1,200円（税別）

日本最初の林学博士として、全国各地の水源林や防風林の整備、都市公園の設計改良など、明治から昭和にかけて多大な業績を残し、一介の大学教授でありながら、「四分の一貯金法」によって巨万の富を築いた本多静六。本書は、宇宙論から始まり、幸福論、仕事論、努力の大切さを述べた珠玉の書であり、370冊を超える著作のなかでも、本多思想の全体像をつかむ上で最適の一冊。

新・教養の大陸シリーズ　第一弾

大富豪になる方法

無限の富を生み出す

安田善次郎 著

無一文から身を起こし、一代で四大財閥の一角を成した立志伝中の人物、日本の銀行王と呼ばれた安田善次郎。なぜ、幕末から明治にかけての激動期に、大きな挫折を味わうこともなく、巨富を築くことができたのか。その秘訣を本人自身が縦横に語った一冊。その価値は死後一世紀近く経った現代においても失われていない。蓄財の秘訣から仕事のヒント、銀行経営の手法まで網羅した成功理論の決定版。

1,200 円（税別）

新・教養の大陸シリーズ　第二弾

大富豪の条件

７つの富の使い道

アンドリュー・カーネギー 著

桑原俊明＝訳／鈴木真実哉＝解説

富者の使命は、神より託された富を、社会の繁栄のために活かすことである――。19世紀アメリカを代表する企業家、鉄鋼王アンドリュー・カーネギーが自ら実践した、富を蓄積し、活かすための思想。これまで邦訳されていなかった、富に対する考え方や具体的な富の使い道を明らかにし、日本が格差問題を乗り越え、さらに繁栄し続けるためにも重要な一書。

1,200 円（税別）